# Tẹ̀ẹ̀-English Dictionary

# Tabtàb Tẹ̀ẹ̀ Turé Bu Bekéè

by

# Elder Wilson Kpàkpàn Nwî-Bàrì

Retired Inspector of Education
Ministry of Education
Port Harcourt

**ONYOMA RESEARCH PUBLICATIONS**
Port Harcourt

**ONYOMA RESEARCH PUBLICATIONS**

P.O. Box 125, Uniport, Choba, Port Harcourt, Rivers State, Nigeria
P.O. Box 126, Nembe, Bayelsa State, Nigeria
E-mail: alagoa@Port Harcourt.rcl.nig.com

© Wilson Kpakpan Nwi-Bari, 2001
First published 2002

ISBN 978-35075-7-5

Printed by ISCOM, Port Harcourt
Tel: 084-571103

*Dedication*

*Dedicated to my late father*

*Chief Nwí-Bàrì Mgbárà*
*of Nónwà, Tẹ̀ẹ̀, TALGA*

## *Foreword*

This dictionary is, to the best of my knowledge, the first published book on Tẹ̀ẹ̀ (Tai), which has previously been treated as a dialect of Kana. As linguists, we know there is no rigid dividing line between a dialect and a language; we try to describe all speech-forms which are of interest in so far as they differ from others. In spite of its closeness to Kana, Tẹ̀ẹ̀ has a number of sounds which are not found in Kana, and which are represented in this dictionary as **hl, hn, hw, hy** and (in at least one word) as **hm**. These stand for sounds which are quite rare in the languages of the world and, in the case of **hl, hn,** and **hm,** are not found in any neighbouring language.

The author deserves praise for his careful collection of the words of Tẹ̀ẹ̀, which he has written systematically and with correct tone-marking. He carried on this work at home on his own initiative, and it should be a great help both to those who speak Tẹ̀ẹ̀ and to those non-speakers who wish to know more about it.

Kay Williamson
University of Port Harcourt
12 November 1994

## Acknowledgements

My gratitude goes to

Professor Kay Williamson, University of Port Harcourt for her untiring efforts in contributing towards the successful accomplishment and publication of this book;

Professor Peter Ladefoged, Department of Linguistics, University of California, Los Angeles (UCLA), for his verification of the pronunciation of some Tẹ̀ẹ̀ words, and for recognising and upgrading Tẹ̀ẹ̀ as one of the languages susceptible of development;

Elder Mrs Enid W. K. Nwi-Bari, my wife, for her moral support;

Dr N.A. Ndegwe, Rivers State University of Science and Technology, for his interest and encouragement shown;

Professor E. J. Alagoa, University of Port Harcourt, for his help in publishing the book.

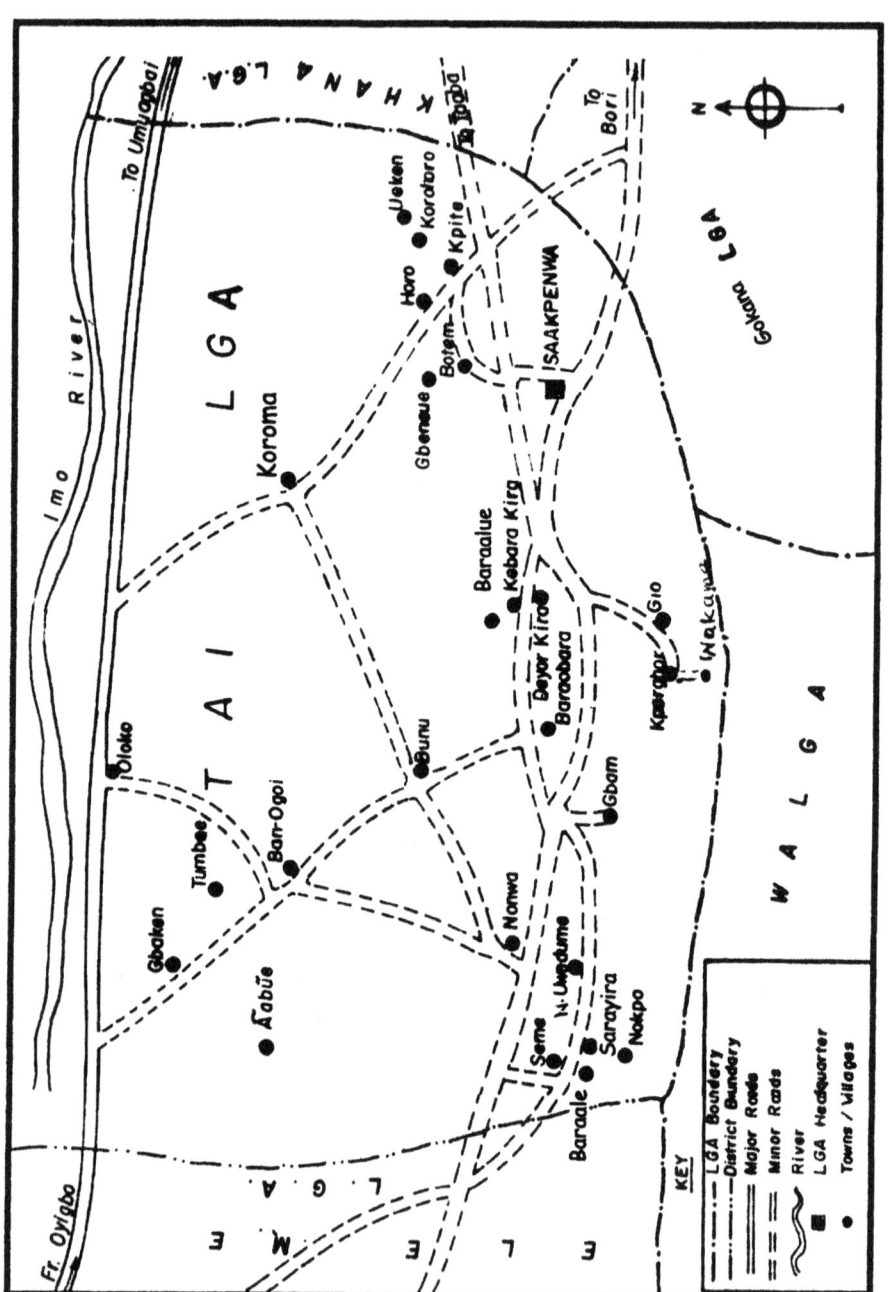

# Introduction

The main purpose of this book is to make Tẹ̀ẹ̀ legible and understandable to both the Tẹ̀ẹ̀ indigenes and foreigners and for the application of its knowledge to practical tasks in industry. It also makes certain English words intelligible to English students. This book precedes *A vocabulary of primary science of nature and mathematics*. Tẹ̀ẹ̀ is a language spoken by a particular group of people inhabiting the Tẹ̀ẹ̀ Local Government Area (TALGA) in Rivers State, to the north of Gokana Local Government Area, east of Eleme Local Government Area, west of Khana Local Government Area and south of the River Imo. (See the map opposite.) It belongs to the Kegboid (Ogoni) group of languages.

## 1. ALPHABET

Tẹ̀ẹ̀ possesses 38 letters, some of which are quite distinct from those used by the surrounding languages, e.g. **hl, hn, hy,** and **hw,** which takes the place of **f** used by others. For example, the word **fá** is written and pronounced **hwá** in Tẹ̀ẹ̀ meaning 'intestine'; **fáà** is pronounced **hwáà** in Tẹ̀ẹ̀ meaning 'canoe, ship, vehicle'. The following are Capital Letters, **Gbène Àhyúúkpá**, followed by the Small Letters, **Mgbárà Áhyúúkpá**.

### 1.1. Gbène Áhyúúkpá

| ' | A | Ã | B | D |
|---|---|---|---|---|
| E | Ẹ | Ẽ | G | H |
| I | Ĩ | K | L | M |
| N | O | Ọ | Õ | P |
| R | S | T | U | Ũ |
| W | Y | Z | | |

ix

```
GB   GW   HL   HN   HW
HY   KP   KW   NW   NY
        (38 Letters)
```

## 1.2. Mgbárà áhyúúkpá

```
'   a   ã   b   d
e   ẹ   ẽ   g   h
i   ĩ   k   l   m
n   o   ọ   õ   p
r   s   t   u   ũ
w   y   z

gb  gw  hl  hn  hw
hy  kp  kw  nw  ny
```

## 2. VOWELS

Tẹ̀ẹ̀ possesses 7 oral vowels and 5 nasal vowels. The oral vowels are a e ẹ i o ọ u, while the nasal vowels are ã ẽ ĩ õ ũ (12 vowels).

**2.1. ORAL VOWELS**: These are the vowels pronounced through the mouth only.

**2.2. NASAL VOWELS**: These are the vowels pronounced through the nose as well as the mouth: ã ẽ ĩ õ ũ. The sign of nasality is the tilde, indicated as ( ˜ ). The vowels ẽ õ sound like ẹ̃ ọ̃, but to simplify the writing we leave off the dots. For economy in writing, we mark only the first of a sequence of nasal vowels: kõò 'fowl; chicken'. When nasal vowels occur next to a nasal consonant, we leave off the tilde ( ˜ ): thus **mee** 'neck' is pronounced as if it was mẽẹ̃. These rules simplify the reading and writing of the nasal vowels.

## 3. CONSONANTS

Consonants are the letters sounding together with the vowels to give word sounds. For example consonant **b** sounds together with the vowel **á** to give the word **bá** 'hand'; **kp** + **á**, **kpá** 'book'.

Tẹ̀ẹ̀ possesses 16 single consonants and 10 double consonants (26 consonants).

**3.1 SINGLE CONSONANTS**: These are the single individual letters that sound together with the vowels to give word sounds. They are ' **b d g h k l m n p r s t w y z**.

**3.2 DÍGRAPHS OR DOUBLE CONSONANTS**: Digraphs are those double letters that sound together as one, combining with the vowels to give the word sound. They are **gb gw hl hn hw hy kp kw nw ny**. The examples are **kp** + **á**, **kpá** 'book'; **gb+à gbà** 'swing, pendulum, sway'.

## 4. VOWELS AND TONE

**4.1 VOWELS**: A vowel, as already taught, is an open sound uttered in speaking, each sound capable of forming a unit of pronunciation (syllable) with a consonant. The word is derived from the Latin *vox* 'voice'.

In Tẹ̀ẹ̀ some words appear to consist only of vowels, such as **àà** 'leave, depart, go away'; **ŏ** 'drink'; **u** 'die'. In pronunciation, however, such words begin with a glottal stop. The glottal stop is not written at the beginning of words, but only in the middle: **a'àà** 'departure, going away'. It is treated as the first letter of the alphabet.

**4.2 TONE:** This is the rise and fall of the pitch of the voice in speaking. It is indicated by tone markings and comprises high tone, mid tone and low tone. High tone is represented by the sign (´) (forward sloping) as **bá** 'hand', **kpá** 'book', **ló** 'salt'. Mid tone is represented by no sign as **ba** 'yam porridge', while low tone is represented by ( ` ) (backward sloping) as **bà** 'eat fish or meat'. Tones are alphabetized in the order low, mid, high, after all the letters have been alphabetized. The reason is that nouns derived from verbs often have a higher tone than the verb; thus the noun frequently follows the verb on which it is based.

**4.3. HOMONYMS:** These are words which differ in meaning but are similar in form. There are many homonyms in Tẹẹ: e.g. **tó** 'ear' and **tó** 'ashes'. To distinguish them in the dictionary, we use small figures: **tó$^1$** 'ear' and **tó$^2$** 'ashes'.

## 5. ABBREVIATIONS

### 5.1. PARTS OF SPEECH

The parts of speech indicated in the dictionary are written in abbreviated form, thus:

| | | |
|---|---|---|
| *adj.* | adjective | Describes a noun. |
| *adv.* | adverb | Modifies a verb phrase. |
| *aux.* | auxiliary | Helps a main verb. |
| *conj.* | conjunction | Joins phrases or clauses. |
| *dem.* | demonstrative | Indicates nearness or distance. |
| *id.* | ideophone | Describes with sound symbolism. |
| *interj.* | interjection | An exclamation. |
| *interrog.* | interrogative | A question word. |
| *n.* | noun | Names a concrete or abstract entity. |
| *n.phr.* | noun phrase | Functions as subject, object, complement, etc. |
| *num.* | numeral | Indicates a cardinal or ordinal number. |
| *pred.adj.* | predicative adjective | Acts as complement after copula verb **lu**. |

| | | |
|---|---|---|
| *prep.* | preposition | Introduces noun phrase acting as complement or adverbial phrase. |
| *pron.* | pronoun | Refers to a previous noun phrase. |
| *quant.* | quantifier | Indicates quantity. |
| *v.adj.* | verb adjectival | Verb translating an English adjective. |
| *v.cs.* | verb causative | Derived verb indicating agent of action. |
| *v.i.* | verb intransitive | Verb without object. |
| *v.p.* | verb passive | Verb whose subject is not agent of action. |
| *v.phr.* | verb phrase | Verb + object or serial verb construction. |
| *v.refl.* | verb reflexive | Verb whose subject affects itself. |
| *v.t.* | verb transitive | Verb with object. |

## 5.2. OTHER ABBREVIATIONS

Other grammatical terms to be identified are:

| | |
|---|---|
| *abs.* | abstract |
| *cog.obj.* | cognate object |
| *emph. pron.* | emphatic pronoun |
| *fig.* | figurative |
| *int.* | intensity |
| *obj.* | object |
| *pers.* | person |
| *pl.* | plural |
| *pred.* | predicative |
| *refl. pron.* | reflexive pronoun |
| *sing.* | singular |
| *subj.* | subject |
| *v.n.* | verbal noun (treated under the verb) |

## 6. Alphabetization

1. Words are alphabetized according to their letters before any diacritics are taken into account:

| | | | |
|---|---|---|---|
| té¹ | | *n.* | tree |
| té² | | *n.* | seat; chair; table |
| tè̩ | | *n.* | father |
| te̩b | *v.adj.* | | be shaky, not firm |

xiii

| tẹ́b | *id.* | describes cutting with very sharp knife |
| tèba | *v.i.* | struggle |
| téba | *n.* | struggle |

2. Hyphens are ignored in alphabetization:
   | ákpóbá-nòo | *n.* | bone of the upper arm; humerus |
   | ákpóbee | *n.* | catfish |
   | ákpó-beèdű | *n.* | knee-cap; knee-pan; patella |

3. The glottal stop (') is treated as the first letter of the alphabet:
   | a'a! | *interj.* | What! (indicates surprise and serious thoughts) |
   | a'àga | *adj.* | hard; strong; difficult |
   | àà¹ | *v.i.* | leave; depart; go away |

4. Subdotted letters (ẹ, ọ) are treated after plain ones (e, o) and before letters with the tilde (showing nasalization):
   | bo¹ | *v.t* | heal |
   | bo² | *n.* | deformity |
   | bọ́ | *v.i.* | be fit |
   | bõ̀ | *v.i.* | bleat like sheep or goat |

5. Tones are treated after subdots and the tilde, and alphabetized in the order low, mid, high:
   | tò | *n.* | load, burden |
   | to | *v.i.* | weep |
   | tó | *n.* | weeping |
   | tọ̀¹ | *v.t.* | mix with water to make soft |
   | tọ̀² | *v.t.* | spoil; damage, destroy |
   | tọ¹ | *n.* | house |
   | tọ² | *n.* | foot |
   | tõ̀¹ | *v.t.* | decant, pour wine gradually from a decanter |
   | tõ̀² | *v.* | select good from evil and do it |
   | tõ³ | *v.t.* | weld |
   | tõ⁴ | *v.t.* | order; give an order |
   | tó¹ | *n.* | ear |
   | tó² | *n.* | ashes |

# A

**-a** [a] *dem.* this: **lo wáa** this woman

**à** [ʔà] *pron.* he/she; **À ẹ́re zọ́** He/she has wealth; (*tone becomes high in the future*) **Á ẹ́rẹ zọ́** He/she will have wealth.

**a'a!** [ʔaʔa] *interj.* What! (indicates surprise and serious thoughts)

**a'àga** [ʔaʔàga] *adj.* hard; strong; difficult: **À lú a'àga** It is hard.

**àà** [ʔàà] *v.i.* leave; depart; go away: *v.n.* **a'àà** leaving; departure; going away

**àà** [ʔàà] *n.* appearance; likeness; image (=**mèà**)

**àa** [ʔàa] *v.t.* arrest; catch; seize; take by force; **àa bá ló** hold (with hand): *v.n.* **a'áá** arresting, etc.

**áá** [ʔáá] *n.* arrest

**àà¹** [ʔǎǎ] *v.i.* be strong, able to support a heavier object or condition; bear

**àà²** [ʔǎǎ] *adv.* away: **Sú kpìgì àà** Go away with the money.

**àá?** [ʔǎá] *interj.* Is it true? (an indication of surprise)

**áa¹** [ʔáá] *n.* mark: **Yèrè áá lo** Put a mark on it.

**áa²** [ʔáá] *n.* tack; small flat-headed nail of iron. copper, etc.

**áa³** [ʔáá] *n.* long stitches as temporary fastening in needlework; tacking

**áá** [ʔáá] *adj.* new

**Áábunwe** [ʔáábūŋʷē] *n.* village in Tẹ̀ẹ̀

**aagá** [ʔaagá] *v.refl.* redeem oneself: **Aagá** Redeem yourself.

**àara** [ʔàara] *n.* administration

**aará** [ʔaará] *v.t.* hold; keep; rule; administer: *v.n.* **a'áárá** holding: keeping; ruling; administering

**àarabàra** [ʔàarabàra] *n.* farm management; agronomy (*coinage*)

**àarabe** [ʔàarabe] *n.* home management; home economics (*coinage*)

**áá'uwè** [ʔááʔuwè] *n.* news

**abà¹** [ʔabà] *pron. (3rd pers. pl. subj.)* they

**abà²** [ʔabà] *n.* piece of y..., sheet of paper or cloth. **aba-dem** piece of rock; **abà-hyáa** slice of yam (=**abà-zíá**); **abà-kẽ̀ẽ̀** piece of cloth; **abà-làlà** iron sheet. **abà-ʔáá** slice of yam

**ábá¹** [ʔábá] *n.* tuber of yam

**ábá²** [ʔábá] *adj* only: **ábá zì** nee only one person: **ábá àbà** they alone: **ábá bọ̀ọ̀** only you: **Bò beè dòò adàmaló ábá bọ̀ọ̀** You alone did yourselves harm: **ábá ẹ̀ẹ̀** himself, herself alone: **ábá ii** ourselves alone: **ábá m̀**

1

myself alone: **ábá ọ̀ọ̀** yourself alone

**abaa** [ʔabaa] *n.* direction; **abaa-anààni-lọ́ọ̀le** east *(coinage)*; **abaa-anààni-uùne** west *(coinage)*

**abààmáá** [ʔabããmáá] *n.* drainage channel

**abàsí**[1] [ʔabàsí] *n.* half of one whole thing; part of

**abàsí**[2] [ʔabàsí] *n.* area (=**bárá**)

**abàté** [ʔabàté] *n.* plank

**abè** [ʔabè] *n.* abscess

**ábéé** [ʔábéé] *n.* lies

**abèm̀** [ʔabèm̀] *n.* rottenness

**abẹ̀** [ʔabẹ̀] *n.* sputum

**abɛ̃e** [ʔabɛ̃ɛ] (=**abii**) *n.* need

**abò** [ʔabò] *n.* soft-stemmed shrub of the group of alligator pepper or ginger, the pulp of the fruit being edible

**abùdẹ̀lẹ́ẹ̀** [ʔabùdèléẹ̀] *n.* lily

**abùè** [ʔabùè] *n.* plantain or banana (general term) (*Musa* spp. MUSACEAE)

**abùedẹ̀** [ʔabùèdè] *n.* banana (*Musa* spp.)

**abunùkpá** [ʔabūnǔkpá] *n.* a small kind of caterpillar that stings in its larva stage

**adà** [ʔadà] *n.* standard

**adàm̀** [ʔadǎm̀] *n.* male (of animals): **adàm gbèrè** male lizard

**àdè** [ʔàdè] *conj.* or

**ádém̀** [ʔádẽ́m̀] *n.* tongue

**adẹ̀** [ʔadè] *n.* stomach

**ado**[1] [ʔado] *n.* measurement

**ado**[2] [ʔado] *n.* attempt; trial

**adòo** [ʔadòo] *adj.* male (applied to animals): **adòo kòò** cock: **adòo nám̀** bull

**adùu** [ʔadùu] *n.* bird species which cries duu-dú-duu-duu-duu to foretell nightfall and daybreak

**ága** [ʔága] *aux.* (*negative*) should not (*used without a pronoun in 3rd pers. sing.*): **Ága dòò** He/She should not, shouldn't do it : **Bà ága dòò** They should not do it.: (*assimilated to vowel of 2nd pers. sg. & pl.*) **Óga dòò** Don't do it (*sg.*): **Bò óga dòò** Don't do it (*pl.*).

**agã̀**[1] [ʔagã̀] *n.* needle

**agã̀**[2] [ʔagã̀] *n.* freshwater crab

**agã̀**[3] [ʔagã̀] *n.* cane type used for rope for climbing oil palm trees and for other crafts

**agã** [ʔagã] *n.* edge

**ágá** [ʔágá] *n.* mouth

**ãgã** [ʔãgã] *v.i.* be choked up; be over-crowded: **Bà ãgã bu** They are crowded inside.

**agàburè** [ʔagàburè] *n.* scorpion

**agãlẹ́b** [ʔagãléb] *n.* shoulder (=**beèléb, gàgànà**)

**ãgànà** [ʔãgànã] *v.t.* penetrate by opening the way; tear, as hawk tears its prey; make oneself free with effort from surrounding pressure or oppression

**aganí** [ʔagãní] *n.* leak; leakage: **Ká aganí** Close the leak; *(fig.)* **Ka yé aganí ló** Isolate him; **À ká aganí ló ye** He isolates himself.

**àgàra** [ʔàgàra] *n.* answer; reply; *(coinage)* redemption

**àgárá**[1] [ʔàgárá] *v.t.* answer; reply to; redeem

**àgárá**[2] [ʔàgárá] *v.t.* sharpen one matchet against another

**àgàrɛ** [ʔàgàrɛ] *v.cs.* make strong: **Àgàrɛ bá** Make it strong (as in tying); *also* **kwá àgàrɛ** make strong

**agbà** [ʔagbà] *n.* fence

**agbe** [ʔagbe] *n.* thickness

**ágbé** [ʔágbé] *n.* box

**ágbẹ́** [ʔágbé] *n.* dishonour; disrespect; disregard; contempt

**agbi** [ʔagbi] *n.* plant species producing pods

**agbò** [ʔagbò] *n.* age group

**agbo** [ʔagbo] *adj.* leaking; broken

**ágbɔ** [ʔágbɔ] *n.* shield

**ágbɔ́-dée** [ʔágbɔ́-déɛ̀] *adj.* not plentiful

**agbònyúgú** [ʔagbòɲúgú] *n.* children

**agboro** [ʔagboro] *n.* shellfish like snail found in salt water

**agbuùb** [ʔagbuùb] *n.* owl (STRIGIDAE)

**ágéb** [ʔágéb] *n.* pimple

**agèè** [ʔagèè] *n.* sceptre; staff borne as symbol of personal sovereignty; royal or imperial authority (=**kpɔ́rɔ́, túḿ-méné**)

**agē̍hínyá** [ʔagē̍hĩɲã́] *n.* coal of fire

**ágéré** [ʔágéré] *adj.* young (of person): **ágéré nee** young person

**àgi** [ʔàgi] *v.i.* walk like an old person

**ágíní** [ʔágíní] *n.* charcoal; carbon *(tech.)*

**ágíní-bèè-tób-pyùgù** [ʔágíní-bèɛ̀-tób-pjùgù] *n.* carbon dioxide ($CO^2$) *(coinage)*

**agírí** [ʔagírí] *v.t.* rumple

**ago** [ʔago] *n.* butterfly

**agwaàni** [ʔagwããní] *adj. pred.* (of taste) not quite bitter; (of colour) not quite (green, red, etc.)

**ágyɛ́ɛ̀b** [ʔágjɛ́ɛ̀b] *n.* Buff-throated Sunbird with dark brown body and white throat (*Nectarinia adelberti* NECTARINIIDAE)

**ahmèè** [ʔahmɛ̀ɛ̀] *n.* lymph-glands; lymph-nodes; glands in the groins and the neck that secrete the white corpuscles that fight against the poison injected by insects

**ahwã̀** [ʔaʍã̀] *n.* honour; respect; regard

**ahwèe** [ʔaʍèe] *adv.* prematurely; **À beè ú ahwèe** He died prematurely; *adj.* premature: **ahwèe hlu** premature death

3

ahwĕe [ʔaʌɛ̄ɛ̄] *adj.* soft and smooth like silk

áhwéé [ʔáʌɛ́ɛ́] *n.* mosquito

áhwẹ́rẹ́hwẹ́ [ʔáʌɛ́rɛ́ʌɛ́] *n* woven rope

ahwo [ʔaʌo] *n.* cotton

áhwọ́b [ʔáʌɔ́b] *n.* wind

ahwùlọ̀ [ʔaʌùlɔ̀] *adj.* missed (in shooting): **Lo nwínam beè lú ahwùlọ̀** The bird was missed.

ahwùtő [ʔaʌùtɔ́] *adj., adv.* faintly heard

áhya'ọọ [ʔáçáʔɔɔ] *n.* mushroom

ahyarí [ʔaçarí] *adj.* burnt (of food): **ahyarí zíá** burnt yam; **ahyarí póro** burnt fish

ahyèèga [ʔaçèèga] *adj.* open: **ahyèèga bū** open door

áhyẹ́ẹ́ [ʔáçɛ́ɛ́] *n.* vision: **neè-áhyẹ́ẹ́** "visionist"; someone who sees visions

ahyima¹ [ʔaçĭmā] *n.* sourness

ahyima² [ʔaçĭmā] *adj.* sour

ahyimá¹ [ʔaçĭmá] *n.* calm(ness)

ahyimá² [ʔaçĭmá] *adj.* calm

ahyọ̀aʔòò [ʔaçɔ̀aʔòò] *n.* greediness

ahyọ̀ọ̀ga [ʔaçɔ̀ɔ̀ga] *n.* anything that drops off when over-ripe, as palmfruits that drop from the bunch, also **ahyọ̀ọ̀ga zóo: ye ahyọ̀ọ̀ga** the fruits (*etc.*) that have dropped off; (*fig.*) something that fails to happen as expected

ahyòòrì [ʔaçòòrì] *n.* flower

ahyọ̀ọ̀ri [ʔaçɔ̀ɔ̀ri] *adj.* slippery; smooth: **ahyọ̀ọ̀ri kē** slippery ground; **À lú áhyọ̀ọ̀ri** It is smooth/not rough.

áhyọ́ọ́rí [ʔáçɔ́ɔ́rí] *n.* plant species, the dry leaf of which is used as sandpaper

ahyòrì [ʔaçòrì] *n* tendril of the fluted pumpkin

áhyúú [ʔáçúú] *n.* seed; *also* áhyúúté

áhyúú-náa [ʔáçúu-náā] *n.* bullet

áhyúú-yìrà [ʔáçúú-jìrà] *n* anther (of flower) *(coinage)*

áká [ʔáká] *n.* mullet

akaà [ʔakaà] *n.* crab

akám [ʔakám] *n.* insects

àkàrà [ʔàkàrà] *n.* bean-cake; bean-ball

akàtɛ́ [ʔakàtɛ́] *n.* bottom; foundation: **akàtɛ́ hwẹ́ẹ́rẹ́ló** foundation of peace; Jerusalem

ákátọ [ʔákátɔ] *n.* foot

akè [ʔakè] *n.* age group (=**akù**)

akɛ́a [ʔakɛ́ā] *adv.* (of place) here (=**awo**): **Lú akɛ́a** Come here. (=**kɛ́a**)

akɛɛ [ʔakɛɛ] *n.* alligator pepper (*Aframomum melegueta* K.Schum. ZINGIBERACEAE)

akèè [ʔakèè] *n.* hoop

ákẹ́ẹ́bá [ʔákɛ́ɛ́bá] *n.* wrist

ákẹ́ẹ́tọ [ʔákɛ́ɛ́tɔ] *n.* ankle

ákẹ́kẹ́ẹ́ [ʔákɛ́kɛ́ɛ́] *n.* wedge, to tighten drum or split wood

akení [ʔakēńí] adv. (of place) there; Si (a)kení Go there.
ákéré [ʔákéré] n. "tomtom"; wooden slit-gong
akò [ʔakò] n. a game played with shells; game of football
ákó [ʔákó] n. shell
akọ̀ [ʔakɔ̀] n. cockroach
akòb [ʔakòb] n. a flat saltwater fish with sandy back
ákọ́b [ʔákɔ́b] n. broken calabash
ákóbee [ʔákóbee] n. head
akọdo [ʔakɔdo] n. saltwater fish species
ákókē¹ [ʔákókē] n. empty place
ákókē² [ʔákókē] n. rubbish; refuse (=ákpẹ́ẹ́kē, ákpákē)
ákólóó¹ [ʔákólóó] n. nakedness
ákólóó² [ʔákólóó] adj. naked; unadulterated; unmixed
akoo [ʔakoo] n. spirit; shade; shadow: Akoò-Átó Holy Spirit
ákóó [ʔákóó] n. cockle (Senilia senilis Linn. ARCIDAE)
ákọ́ọ̀bté [ʔákɔ́ɔ̀bté] n. woodpecker (PICIDAE)
akoòtám [ʔakoòtám] n. angel
akoòtọọ [ʔakoòtɔɔ] (=akùtọọ) n. shade
ákọ́ọ̀rè [ʔákɔ́ɔ̀rè] n. crab with black back
akpà [ʔakpà] n. cover for vessels, especially bottle

ákpá [ʔákpá] (=kpá) n. skin; outer covering
ákpá-ádó [ʔákpa-ádó] n. (different) countries
akpabee [ʔakpabee] n. head-cover; hat
ákpábū [ʔákpábū] n. hinge(s)
akpà-deè-ọọgẹ [ʔakpà-deè-ɔɔgɛ] n. epiglottis (coinage)
akpògo'òò [ʔakpògoʔòò] n. Adam's apple; larynx (coinage)
akpàhínyá [ʔakpàhíɲá] n. matchbox; match
ákpákē [ʔákpákē] n. rubbish
ákpákìrà [ʔákpákìrà] n. maize; corn [Zea mays Linn. GRAMINEAE)
ákpákìrà-gíní [ʔákpákìrà-gíní] n. guinea-corn; sorghum (Sorghum bicolor (Linn.) Moench. GRAMINEAE) (coinage)
ákpákìrà-kpèè [ʔákpákìrà-kpèè] n. elephant grass (Pennisetum purpureum Schumach. GRAMINEAE)
ákpáló [ʔákpáló] n. outer body or skin
ákpáśí [ʔákpáśí] n. appearance; physiognomy
ákpáté [ʔákpáté] n. bark of a tree; fungi that feed on it; saprophyte, some of which are edible and are cultured in sawdust, etc.
ákpáźíá [ʔákpáźíá] n. yam peelings

5

**akpǎ** [ʔakpǎ] *n.* guinea-pig
**akpã** [ʔakpã] *n.* cane type used for handicrafts; the plant from which the cane is obtained
**ákpéè** [ʔákpéè] *n.* sweetness
**akpèɛ̣-ákám̀** [ʔakpèɛ-ákám̀] *n.* caterpillar
**ákpɛ́ɛ̣kē** [ʔákpɛ́ɛkē] *n.* rubbish; refuse (=**ákókē**)
**ákpéènuló** [ʔákpéènūló] *n.* sweet smell
**akpèɛpéé** [ʔakpèɛpéé] *n.* he-goat
**ákpɛ́kpɛ́ɛ̣** [ʔákpɛ́kpɛ́ɛ] *n.* beater used for beating mud floor hard
**ákpítọ** [ʔákpítɔ] *n.* broom (=**asǎ**)
**akpò** [ʔakpò] *n.* piece of meat or fish
**akpo** [ʔakpo] *n.* pounded yam or cassava; lump for swallowing
**ákpó** [ʔákpó] *n.* bone; *(fig.)* power; energy; force; political ascendancy
**ákpó-aà-tɛ̣ɛ̣-yìè** [ʔákpó-aà-tɛɛ-jìè] *n.* centrifugal force *(coinage)*
**ákpó-ábá-bɛ̣̀ɛ** [ʔákpó-ábá-bèɛ̀] *n.* autocracy; absolute rule *(coinage)*
**ákpó-agǎlɛ́b** [ʔákpó-agǎlɛ́b] *n.* shoulder-blade; scapula *(tech.)*
**ákpó-ákábá** [ʔákpó-ákábá] *n.* any of the bones of the hand; metacar-pus *(tech.)*
**ákpó-ákátọ** [ʔákpó-ákátɔ] *n.* any of the bones of the foot; metatarsus *(tech.)*
**ákpó-ákɛ́ɛ̣́bá** [ʔákpó-ákɛ́ɛ́bá] *n.* wrist-bone *(coinage)*
**ákpó-ákɛ́ɛ̣́tọ** [ʔákpó-ákɛ́ɛ́tɔ] *n.* ankle-bone *(coinage)*
**ákpóbá** [ʔákpóbá] *n.* arm (=**lɛ̣́b**)
**ákpó-báná-nyîē** [ʔákpó-bǎná-ɲíē] *n.* breastbone; sternum *(tech.)*
**ákpóbá-nòo** [ʔákpóbá-nɔ̀ɔ̃] *n.* bone of the upper arm; humerus *(tech.)*
**ákpóbee** [ʔákpóbee] *n.* catfish
**ákpó-beèdű** [ʔákpó-beèdű] *n.* knee-cap; knee-pan; patella *(tech.)*
**ákpó-bùbùì** [ʔákpó-bùbùì] *n.* thigh-bone; femur *(tech.)*
**ákpó-dònà** [ʔákpó-dɔ̃nǎ] *n.* force of gravity *(coinage)*
**ákpó-dùme** [ʔákpó-dùmē] *n.* backbone; lumbar vertebrae *(tech.)*
**ákpó-gáátɛ́** [ʔákpó-gáátɛ́] *n.* the uppermost of the three sections of the hip-bone; ilium *(tech.)*
**ákpó-hwííbá** [ʔákpó-ʍííbá] *n.* finger-bones; phalanges *(tech.)*
**ákpó-hwíítọ** [ʔákpó-ʍíítɔ] *n.* bones of the toes; phalanges *(tech.)*
**ákpó-karáàlè** [ʔákpó-karáàlè] *n.* collar-bone; clavicle *(tech.)*

ákpó-kìì-tèè̩-nyíe [ʔákpó-kìì-tèè̩-ɲíē] *n.* centripetal force *(coinage)*
ákpó-kóo [ʔákpó-kóo] *n.* ribs
ákpókpé [ʔákpókpé] *n.* iron rod; iron pipe
ákpó-kpḗnḗkē [ʔákpó-kpḗnḗkē] *n.* leg-bone; gbène ákpó-kpḗnḗkē shinbone; tibia; mgbárà ákpó-kpḗnḗkē fibula *(tech.)*
ákpó-kúrútḗ [ʔákpó-kúrútḗ] *n.* the lowest fused vertebrae; sacral vertebrae *(tech.)*
ákpó-kyonò [ʔákpó-kjɔ̃nɔ̃̀] *n.* kidney(s)
ákpómèe [ʔákpómḕē] *n.* backbone
ákpómee [ʔákpómēē] *n.* neckbone; cervical vertebra *(tech.)*
akpòté [ʔakpòté] *n.* seat
akpòté-méné [ʔakpòté-mḗnḗ] *n* throne (=tằ)
ákpóté [ʔákpóté] *n.* cane; whip; stick
ákpótḗ [ʔákpótḗ] *n.* caudal bone
ákpóto̩ [ʔákpótɔ] *n.* leg
akpùru [ʔakpùru] *adj.* short; brief (in time); vertically or horizontally small in stature; dwarfish
ákpúwé [ʔákpúwé] *n.* freshwater fish with spines on the back, probably *Tilapia nilotica* CICHLIDAE
akù [ʔakù] *n.* age group (=ake̩)

akurá [ʔakurá] *n.* leakage: Lo bá é̩re̩ akurá The pot has a leakage.
akuwerá [ʔakuwerá] *adj.* leaking: akuwerá bá leaking pot
ákúwe̩ [ʔákúwé] *n.* funnel
ákwá [ʔákwá] *n.* hawk that eats chickens; Lizard Buzzard *(Kaupifalco monogrammicus* ACCIPITRIDAE)
akwāà [ʔakwāà] *n.* spiny plant, the leaf of which is used for feeding goats
akwerè [ʔakwerè] *n.* ringworm
ákwérè [ʔákwérè] *n.* piassava
ákwíi [ʔákwíi] *n.* chaff left after the liquid has been extracted or pressed out, e.g. palm fruit chaff
ákwiríká [ʔákwiríká] *n.* fish-rack
akwò̩ [ʔakwɔ̀] *n.* mistake; error; wrongdoing
alè [ʔalè] *n.* stammering
álékéré [ʔálékéré] *n.* clock
álé̩ré̩kē [ʔálé̩ré̩kē] *n.* a creeping stem
alíi [ʔalíi] *n.* herb species with alternate leaves
alìì [ʔalìì] *n.* mud seat
alò¹ [ʔalò] *n.* one kind; a particular type; a model
alò² [ʔalò] *n.* (of bird or monkey) movement from one branch of a tree to another; *(fig)* (of money) movement

from one hand into another; person who is not steady in a place

alǫ̀ [ʔalɔ̀] *n.* mistake; error; wrong-doing

álǫ̀ [ʔálɔ̀] *interj.* Let it not be effective in its evil intent!; Let it fail!

alǫ̀-ákpó-kóo [ʔalɔ̀-ákpó-kóo] *n.* false rib; floating rib *(coinage)*

alòga [ʔalòga] *n.* substance that makes the body itch in the forest. (The scientific research for its identification is necessary.)

aloló [ʔaloló] *n.* small edible fruit, black when ripe

álóló [ʔálóló] *n.* bottle

álóʼuwè [ʔálóʔuwè] *n.* news; story; history (=lóó)

álú [ʔálú] *n.* masquerade (general term)

aluwà [ʔaluwà] *n.* an ill-bred person; a dishonourable person

am [ʔãm] *v.t.* press into: À beè ám beèté yere bu kwǜ He pressed fruits into the basket; *v.i.* press inside: À beè ám yǜ He pressed forward/inside.

ama [ʔãmã] *n.* lineage; descent

ànà¹ [ʔã̀nã̀] *v.t.* deny

ànà² [ʔã̀nã̀] *v.i.* bet

àna [ʔã̀nã] *v.i.* grow old

áná¹ [ʔã́nã́] *n.* old age

áná² [ʔã́nã́] *n.* very sweet yellow drupe

ànà-ànà [ʔã̀nã̀-ã̀nã̀] *n.* competition; debate (=ẹ̀rà-ẹ̀rà)

anààni [ʔãnã̀ã̀nì] *n.* sun *(general)*

ànàhyǎ¹ [ʔã̀nã̌çã̌] *n.* denial; disbelief

ànàhyǎ² [ʔã̀nã̌çã̌] *n.* betting

ánéǹdè [ʔánéǹdè] *n.* orange

ànǜ [ʔã̀nǜ] *num.* six

anîi [ʔãnîi] *adv.* today

ánîi [ʔánîi] *n.* line

ànǜgá [ʔã̀nǜgá] *n.* hexagon; a plane figure with six angles (=ànǜ-hwîikẽ) *(coinage)*

ànǜ-hwîikẽ [ʔã̀nǜ-ʍîikẽ] *n.* hexagon (=ànǜgá) *(coinage)*

ànìnyìà [ʔã̀nìɲìã̀] *num.* nine

anò [ʔãnɔ̀] *n.* cane type used for cane chair (cf. agã̀)

anoò [ʔãnɔ̀ɔ̀] *n.* eczema

anoo [ʔãnɔɔ] *n.* moon; month

ánóóni [ʔánɔ́ɔ́nì] *n.* chameleon

anwìi [ʔãŋʷîi] *adj.* fresh; new

anyà [ʔãɲã̀] *n.* carnivorous animal

anya [ʔãɲã] *adj.* ill-bred

apà [ʔapà] *n.* spoon

apáà [ʔapáã̀] *n.* feather

ápáhinya [ʔápáhĩɲã] *n.* leaf

apàkpé [ʔapàkpé] *n.* spoon

apàra [ʔapàra] *n.* decanter

apàté [ʔapàté] *n.* axe

ápáté [ʔápáté] *n.* buttocks

ápẹ́ẹ́ [ʔápéé] *n.* pieces of raphia wood used for lighting fire and for tying fence

ápi [ʔápí] *adj.* stingy

ápi [ʔápí] *n.* stinginess

**ápnyó** [ʔápɲɔ́] *adj.* sharp-pointed
**ápnyógá** [ʔápɲɔ́gá] *n.* acute angle *(coinage)* (=**tóbgá**)
**apoo** [ʔapoo] *n.* part of a whole; amount
**apŏo** [ʔapɔ̃ɔ̃] *n.* mason wasp; an insect that builds its nest on walls
**apoo-apoo** [ʔapoo-apoo] *n.* many parts of a whole
**apoò-kììrà** [ʔapoò-kììrà] *n.* degree (of angle) *(coinage)*: **hlòb apoò-kìrà** ten degrees (¹0°); **nyìà tub nè hlòb apoò-kìrà** ninety degrees (90°); **hlòb nè ęrętaà tub apoò-kìrà** three hundred and sixty degrees (360°)
**àrà** [ʔàrà] *adj.* of the same kind
**àra** [ʔàra] *v.i.* contract (as dead body)
**ára** [ʔára] *v.i.* huddle up
**àrà'àbà** [ʔàràʔàbà] *pron.* (*refl.* & *emph*, *3rd pers. pl. obj.*) themselves
**àrahínyá**¹ [ʔàrahíɲá] *v.i.* be hot: **Dúwe àrà hínyá** The sun is hot.
**àràhínyá**² [ʔàràhíɲá] *n.* being hot; heat: **àràhínyá dúwe** heat of the sun
**àrànee** [ʔàrànēē] *n.* fellow human beings
**àràżìì** [ʔàràżìì] *pron.* (*refl.*, *reciprocal*) one another
**asằ** [ʔasằ] *n.* broom (=**ákpìto̧**)

**ásắ** [ʔásắ] *adj.* very small, little (thing)
**asằa** [ʔasằā] *n.* sand
**ásắ nee** [ʔásắ nēē] *n.* nobody; no one
**áséę́** [ʔáséɛ́ɛ́] *n.* tinder; dry substance ready to catch fire (as sawdust); also **áséę́té**
**asêè**¹ [ʔasêè] *n.* pity; mercy: **asêè nyíe Bàrì** God's mercy
**asêè**² [ʔasêè] *adj.* poor; pitiful; attracting sympathy: **é lo asêè nee** that poor man
**asò** [ʔasò] *n.* joint
**asù** [ʔasù] *n.* mark made on face
**ásűú** [ʔásűú] *n.* anger
**atằ** [atằ] *n.* extreme poverty
**átáá** [ʔátáá] *n.* line
**atè** [ʔatè] *n.* small freshwater fish
**atę̀** [ʔatę̀] *n.* soft place prepared to keep something delicate; pad
**atèkúrú** [ʔatèkúrú] *n.* crocodile (*Crocodylus niloticus* CROCODYLIDAE)
**atèló** [ʔatèló] *n.* panic
**atì** [ʔatì] *adj.* (of water) not flowing and ebbing fast; stagnant; (*fig.*) not progressing fast
**átő** [ʔátő] *adj.* holy: **Akoò Átő** Holy Spirit
**átő**¹ [ʔátő] *n.* holiness
**átő**² [ʔátő] *n.* large type of garden egg, used for cooking soup

9

**atɔ̀a** [ʔatɔ̀ā] *n.* order; command; commandment(s)
**átū́** [ʔátū́] *n.* conical cap with crest at the top
**atùe** [ʔatùe] *n.* leech
**atuu** [ʔatuu] *n.* periwinkle: **ákó atuu** periwinkle shells
**atūù** [ʔatūù] *n.* palm used to prepare "thatches". It grows in freshwater swamps.
**awà** [ʔawà] *adj.* (of prepared food) old: **awà źíá** old food warmed up
**áwárá** [ʔáwárá] *n.* cattle egret, a white migratory bird (*Ardeola ibis* ARDEIDAE)
**awèe** [ʔawèe] *n.* itching and irritating herb
**awè** [ʔawè] *n.* top (of a tree, house, etc.); also *fig.* **Bà beè dēe iná awè** They climbed to the top.
**awèra** [ʔawèra] *adj.* light; easy; not difficult: **Tò lú awèra** The load is light (cf. **wę́ę́**)
**áwíí** [ʔáwíí] *n.* grass; weed
**awo** [ʔawo] *adv.* (of place) here (=**akę́a**): **Lú awo** Come here.
**awònù** [ʔawɔ̀nū̀] *n.* grace (=**nenè-Bàǹ**)
**aya** [ʔaja] *adv.* around: **À dè aya** He is around (cf.**kēáya**)
**ayàa** [ʔajàa] *n.* tree species producing brown fruit with yellow edible flesh and stony seed; the fruit so produced (*Cola* sp. STERCULIACEAE)

**ayę** [ʔajɛ] *adj.* delicate; susceptible; sensitive to pain or injury
**ayìm** [ʔajìm] *adj.* raw; not cooked; fresh
**áyíra** [ʔájíra] *n.* rules; regularities; the way things work
**áyo** [ʔájo] *n.* onion
**ayò̧** [ʔajɔ̀] *n.* pain
**ayò̧-báná-nyîē** [ʔajɔ̀-báná-ɲîē] *n.* chest-pain; sternalgia *(coinage)*
**ayò̧-kēkóo** [ʔajɔ̀-kēkóo] *n.* lumbago (pain of the loins) *(coinage)*
**ayò̧-kóo** [ʔajɔ̀-kóo] *n.* chest-pain; sternalgia *(coinage)*
**ayò̧-nyó-áźíí-bu-míi** [ʔajɔ̀-ɲó-áźíí-bu-míi] *n.* filariasis *(coinage)*
**ayò̧-sib-ákpó-gáátḗ** [ʔajɔ̀-sib-ákpó-gáátḗ] *n.* sciatica; neuralgia of the sciatic nerve *(coinage)*
**ayò̧-tǫ-ni** [ʔajɔ̀-tɔ-ɲíi] *n.* elephantiasis *(coinage)*
**ayò̧-yii-máá-bu-míi** [ʔajɔ̀-jii-máa-bu-míi] *n.* lymphangitis; inflammation of the lymphatic vessels
**azà** [ʔazà] *n.* skirt; edge of clothes or lappa
**ázá** [ʔázá] *n.* small freshwater shrimp
**ázákpom** [ʔázákpɔm] *n.* cassava (=**bòròʔḿ**)
**azēe** [ʔazēē] *n.* pith

ázéré [ʔázéré] *n.* "children's matches"; type of parasitic plant; *(fig.)* fruit in general; **Ázéré naá úwé pyòòri naá kùwę̀** Let birds destroy all the fruits *(proverb used to invoke destruction on people who stole another person's goods)*
azì [ʔazì] *n.* looting
ází̋í [ʔází̋í] *n* rope; thread
ázĩ́ahyòòrì [ʔázĩ́açòòrì] *n.* filament *(coinage)*
azı̋̀na¹ [ʔazı̋̀nā] *n.* barrenness
azı̋̀na² [ʔazı̋̀nā] *adj.* barren
aziirá [ʔaziirá] *n.* arrow
azù [ʔazù] *n.* confusion; lack of clarification

## B

bà¹ [bà] *v.t.* eat fish or meat
bà² [bà] *n.* abscess
bà³ [bà] *pron.* *(3rd pers. pl. subj.)* they: **Bà ága si** They should not go.
ba [ba] *n.* pottage; "porridge", *e.g.* yam "porridge"
bá¹ [bá] *n.* hand
bá² [bá] *n.* art
bà̰ [bà̰] *n.* forked stick
bā [bā] *n.* axil
bá̰ [bá̰] *n.* cooking-pot
bàà¹ [bàà] *v.t.* share into portions; cleave (wood)
bàà² [bàà] *n.* blindness
bàà³ [bàà] *adj.* blind: **neè bàà** blind person

bàa [bàa] *v.t.* hate
báá¹ [báá] *n.* enmity; enemies
báá² [báá] *n.* a very strong tropical tree
bààdű [bààdű] *v.t.* kneel
bàa̰gà̰¹ [bàa̰gà̰] *v.t.* ponder; consider; think out
bàa̰gà̰² [bàa̰gà̰] *n.* pondering; consideration; thinking out
bá́ asāa [bá́ asāā] *n.* clay pot
bàb [bàb] *n.* wickedness: **À wée dòò bàb** He practises wickedness.
bàbà [bàbà] *n.* child's name for fish or meat
bàgà [bàgà] *v.t.* crack like dry clay; tear like old cloth: **À wée bàgà** It cracks/tears.
bàga [bàga] *n.* freshwater fish like the catfish but smaller in size *(Auchenoglanis occidentalis* BAGRIDAE)
bàgi [bàgi] *v.t.* cleave into many pieces
bákìye [bákìje] *n.* left hand
bákpé [bákpé] *n.* firmness *(lit.* 'iron hand'): **Sú bákpé yé āa** Hold him firmly.
bálè [bálè] *n.* right hand
bànà [bà̰nà̰] *n.* pit
bànàmáá [bà̰nà̰máá] *n.* well
bánányie [bá̰ná̰ɲíẽ] *n.* outer surface of chest
bànàpóro [bà̰nà̰póro] *n.* fishpond
Bánì [bá̰nḭ̀] *n.* Ogoni name for Bonny
bàrà¹ [bàrà] *n.* farm or farmland

bàrà² [bàrà] *n* fishing screen to enclose fish
bàra¹ [bàra] *v.t.* ask for
bàra² [bàra] *v.refl.* lean against (of person or animal): **Bàra lóó déé** Lean against the wall; **Nee ga bará lóó té** A man is leaning against the tree.
bàra³ [bàra] *n.* request
bárá¹ [bárá] *n.* inhabited area; length and breadth of an object
bárá² [bárá] *n.* one side of a many-sided object
**Bàràálè** [bàràálè] *n.* Barale, a village in Tèè̩
**Bàrà-Álúwé** [bàrà-álúwé] *n.* a village in Tèè̩
**Bàràkàra-Nóónwa-Bunù** [bàràkàra-nɔ́ɔ́ŋʷã-būnũ̀] *n.* a village in Tèè̩
bárákìye [bárákìje] *n.* left side
bárálè [bárálè] *n.* right side
**Bàràóbàrá** [bàràóbàrá] *n.* former name of Bóròbàrà, a village in Tèè̩
**Bàràyirá** [bàràjirá] *n.* a village in Tèè̩
**Bàrì** [bàrì] *n.* God
bárí [bárí] *n.* sardine (*Sardinella* spp. CLUPEIDAE)
**báyàànù, báyaànu** [bájããnũ̀, bájããnũ] *n.* fashion; the prevailing style of dressing
bè¹ [bè] *v.t.* enclose; make fence or enclosure round something
bè² [bè] *v.i.* swell; be swollen
bè³ [bè] *n.* hourglass-shaped rattle

be¹ [be] *v.t.* fight
be² [be] *n.* home
bé [bé] *n.* fight; war
bè̩ [bɛ̀] *n.* spring-trap
be̩ [bɛ] *v.i.* burn: catch fire
bé̩ [bɛ́] *v.i.* be hot (like pepper)
bè̩a [bɛ̀a] *v.t.* marry (a man) (of a woman): **Bèa dám** Marry a man.
be̩b [bɛb] *n.* chin
be̩bèè̩-piyá-zó̩ [bɛbɛ̀ɛ̀-pijá-zɔ́] *n*. plutocracy *(coinage)*
beè [beè] *part.* past tense marker: **À beè lu** He came.
bee¹ [bee] *n.* fruit
bee² [bee] *n.* head
bée [bée] *n.* name
béé [béé] *v.t.* resemble; take after: **À béé ye tè̩** He takes after his father.
bè̩è̩¹ [bɛ̀ɛ̀] *v.t.* rule; govern; *v.n.* be̩bèè̩ ruling; government
bè̩è̩² [bɛ̀ɛ̀] *n.* cough
bè̩è̩³ [bɛ̀ɛ̀] *num.* two: **bè̩è̩ nee** two persons
be̩è̩ [bɛɛ̀] *v.t.* blow (fire): **Bè̩e̩ hinyá** Blow fire.
be̩e̩¹ [bɛɛ] *v.t.* watch
be̩e̩² [bɛɛ] *n.* a bird that talks a lot, perhaps the Common Garden Bulbul (*Pycnonotus barbartus* PYCNONOTIDAE)
**Bé̩e̩** [bɛ́ɛ] *n.* traditional initiation of adolescent male into manhood, now obsolescent
bé̩é̩ [bɛ́ɛ́] *n.* cheek; jaw
bẽ̀e [bɛ̃̀ɛ̃] *v.t.* bend

bẹ̀ẹ̀-Bàrì [bɛ̀ɛ̀-bàrì] n.
theocracy; rule by God
(coinage)
béèbíà [béèbíǎ] n. bat's wing
beedú [beedú] n. knee
bẹ̀ẹ̀gà [bɛ̀ɛ̀gà] v.refl. pledge
oneself for a loan: À
bẹẹ̀gà ye ló He pledges
himself to him.
bẹẹ̀gà [bɛɛ̀gà] v.i. slope (of
vertical object)
bẹẹgá [bɛɛgá] v.refl. curve; turn
to one side: Bẹ̀ẹgá kii bálè
Turn to the right.
bẽẽgǎ¹ [bɛ̃ɛ̃gǎ] v.i. lean on;
(fig.) depend on
bẽẽgǎ² [bɛ̃ɛ̃gǎ] adv.
dependently; Tòò ye bẽẽgǎ
Live in dependence on him.
bẽẽgǎ [bɛ̃ɛ̃gǎ] v.t. happen to:
De à bẽẽga orò, a nyía ẹ? If it
happens to you, will you like
it?
bẽẽgá [bɛ̃ɛ̃gá] v.i. be flexible
bẹ̀ẹgákẽ [bɛ̀ɛgákẽ] n. a curve
bẹ̀ẹ̀kà [bɛ̀ɛ̀kà] num. two whole
(objects): bẹ̀ẹ̀kà nu two whole
things: Sú bẹ̀ẹ̀kà Take two.
bẹ̀ẹ̀kùnàkùnà [bɛ̀ɛ̀kùnǎkùnǎ] n.
two halves; half-way
beèléb [beèléb] n. shoulder
(=gàgànà, agǎlẹ́b)
bẹ̀ẹ̀ máá [bɛ̀ɛ̀ máá] v.phr.
collect water from the roof
bẹẹ̀máá [bɛɛ̀máá] n. collection
of water from the roof; gutter
for collecting water from the
roof

bẹ̀ẹ̀-piyá-bũe [bɛ̀ɛ̀-pijá-būẽ] n.
democracy; government by the
people (coinage)
bẹ̀ẹ̀sí [bɛ̀ɛ̀sí] n. insincerity;
untruthfulness; neè bẹ̀ẹ̀sí a
person who takes two sides
bẹ̀ẹ̀-tub [bɛ̀ɛ̀-tub] num. forty
bẹ̀ẹ̀-tub-nè-hlòb
[bɛ̀ɛ̀-tub-nɛ̀-hlòb] num. fifty
bẹ̀ga [bɛ̀ga] v.i. bend; wind;
À bẹ́ga It winds (as road).
bẹ́gábẹ́gá¹ [bɛ́gábɛ́gá] pred. adj.
not straight; winding;
undulating; wavy
bẹ́gábẹ́gá² [bɛ́gábɛ́gá] n.
curvature
bẹ̀gàrà [bɛ̀gàrà] v.t. carry on the
shoulder; (fig.) shoulder (e.g.
responsibility)
bẹ̀gárá [bɛ̀gárá] v.t. turn
(something) to another
direction from a straight line:
Bẹ̀gárá o kpé Turn your
bicycle.
bège¹ [bège] v.t. (of hen) fail to
hatch eggs: Kòò bége kẽ́ The
hen fails to hatch the eggs.
bège² [bège] v.t. blame; scold;
rebuke; chide; objurgate
bège³ [bège] adj. short and stout
(of person)
bège sí [bège sí] v.phr. scowl;
look bad-tempered
bégèsí [bégèsí] n. scowl; bad-
tempered look
bekéè [bekéè] n. white person

bèm̀ [bɛ̀m̀] *v.i.* decay; rot; produce undesirable odour; decompose; stink

bèra [bèra] *n.* resemblance; image

bèrà [bɛ̀rà] *v.i.* lean against (of object, as a result of having been placed there): Gò bera lóó té The ladder leans against the tree.

bére [bére] *n.* profit

bére [bére] *n.* stone thrown

bèrę¹ [bɛ̀rɛ] *v.t.* pledge: À beè bèrę ye kòrokè ló ye k óò He pledged his land to his friend: À beè bèrę ye kòrokè ye ló H e pledged his land to him.

bèrę² [bɛ̀rɛ] *v.t.* lean (something) against: Bèrę gò lóó té Lean the ladder against the tree.

bérękê [bérɛ́kɛ̄] *n.* lower jaw

bèrę̀-màni [bɛ̀rɛ̀-mǎɲ̄] *n.* (urine) bladder

betę̀ [betɛ̀] *n.* father's home; family

béwa [béwa] *n.* gonorrhea; sexually transmitted disease

bęzěè [bɛ̀zɛ̌ɛ̀] *n.* spring-trap

bí [bí] *n.* faeces

bìì [bìì] *v.t.* press; squeeze (orange); squeeze up (of people sitting close together); *v.n.*

bibìì pressing; pressure

bii [bii] *n.* play

bììga [bììga] *n.* pressure

bììgà¹ [bììgà] *v.p.* be pressed; be tightened

bììgà² [bììgà] *v.adj.* be tight

bììló [bììló] *v.i.* go secretly, stealthily or surreptitiously

bììna [bĩ́ĩnā] *n.* question

biiná [bĩ́ĩná] *v.t.* ask question: Biiná bììna Ask question (*cog.obj.*)

biinî [bĩ́ĩnî] *v.i.* be cooked; be done

bíínì [bĩ́ĩɲ́] *adj.* cooked; done

bììra [bììra] *adj.* black

bììrakpé [bììrakpé] *n.* iron

bììre [bììre] *v.cs.* tighten

bínà [bínà̰] *n.* "grasscutter"; cutting-grass; cane rat; a bush animal that cuts grass and feeds on cassava (*Thryonymys swinderianus* THRYONOMIYIDAE)

bìnàhyúu [bínà̰çúu] *n.* porcupine, especially the Brush-Tailed Porcupine (*Atherurus africanus* HYSTRICIDAE) (=hyúùlóbìnà)

bìrà [bìrà] *v.t.* play: bìra bii play game

bìra máá [bìra máá] *v.refl.* bathe

bìrihwò [bìriʍɔ̀] *n.* toad

bìya [bìja] *v.refl.* remain: Bìya lo kě Remain there; Hold yourself back.

bìye [bìje] *v.t.* leave (something where it is or a person where he is); let remain

bíyé [bíjé] *n.* object to swear on

biyè-atuu [bijè-atuu] *n.* small crab that makes a periwinkle shell its home; hermit crab
bò¹ [bò] *v.i.* be common: À bo It is common.
bò² [bò] *pron. (2nd pers. pl. subj.)* you: bò óga do not; don't *(plural)*
bo¹ [bo] *v.t.* heal
bo² [bo] *n.* deformity
bo³ [bo] *adj.* deformed
bọ́ [bɔ́] *v.i.* be fit: À bọ́ ló He is fit.
bɔ̀ [bɔ̀] *v.t.* bleat like sheep or goat: Naanà wée bɔ̀ bō *(cog. obj.)* A sheep bleats.
bō [bɔ̄] *n.* bleating
bòa [bòa] *v.p.* be healed: À nà bóa He has been healed.
bóa [bóa] *n.* healing
bòb¹ [bòb] *v.t.* beat (=zìb)
bòb² [bòb] *v.t.* make wealth
bòb³ [bòb] *n.* making wealth
bob [bob] *n.* beating
bọb [bɔb] *v.t.* bind; tie; unite: *v.n.* bọbọ́b binding; tying; uniting
bọ́b [bɔ́b] *n.* bundle; bond: bọ́b té bundle of wood
bọ̀ba [bɔ̀ba] *v.refl.* be tied to; be united with; cleave to: Bà bọ́ba They are united.
bọ̀bkẹ́ẹ [bɔ̀bkɛ́ɛ] *n.* shame
bɔ̀gàna [bɔ̀gǎnā] *n.* gathering
bɔ̀gáná [bɔ̀gáná] *v.refl.* be gathered: Bò bɔ̀gáná Gather yourselves together.

bɔ̀gànaló [bɔ̀gǎnāló] *n.* gathering
bɔ̀gɛ́ [bɔ̀gɛ́] *v.t.* stir
bɔ̀géné [bɔ̀gɛ́nɛ́] *v.t.* gather
bọgɛ̀rẹ̀ [bɔgɛ̀rɛ̀] *n.* lending; borrowing
bọ̀gɛ̀rẹ [bɔ̀gɛ̀rɛ] *v.t.* lend to; borrow from: *v.n.* bọbọ̀gɛ̀rẹ
bọ̀gọ́mbọ̀ [bɔ̀gɔ́mbɔ̀] *n.* a vegetable whose seeds are used like "egusı" *(Cucumeropsis mannii* Naud. CUCURBITACEAE)
bom [bɔm] *n.* puff-adder; adder
Bóḿ [bɔ́ḿ] *n.* Tẹ̀ẹ̀ weekday, also Déebóm
bònà [bɔ̀nǎ] *v.t.* contribute; share; *v.n.* bōbònà contribution
bòne [bɔ̀nɛ̄] *v.t.* cook yam and soup together, adding fish, oil, pepper and salt
bonèźíá [bɔnɛ̀źíá] *n.* yam so prepared
boo¹ [boo] *v.t.* collect; gather; amass; accumulate *(esp.* wealth)
boo² [boo] *n.* rain
bóó¹ [bóó] *num.* four hundred: bóó źíá four hundred yams: À beè yẹ́ẹ́ bóó źíá He/she bought four hundred yams.
bóó² [bóó] *n.* amassed wealth; amassing of wealth: À wée boo bóó He amasses wealth.
bọ̀ọ̀¹ [bɔ̀ɔ̀] *n.* fear
bọ̀ọ̀² [bɔ̀ɔ̀] *pron. (2nd pers. pl. obj.)* you: Daà/Ḿ kanamué bọ̀ọ̀ I salute/greet you *(pl.).*

bọọbẹ́ kẹ́ẹ [bɔɔbé kέε] *v.phr.*
shame; put to shame: **Bọ̀bẹ yé
kẹ́ẹ** Put him/her to shame.
**Bootém** [bootḗm] *n.* Botem, a
village in Tẹ̀ẹ̀
**bórá ágá̃** [bórá ágá̃] *pred. adj.*
dumb: **neè bórá ágá̃** dumb
person
**bòrò¹** [bòrò] *adj.* foolish: **bòrò
nee** foolish person
**bòrò²** [bòrò] *n.* foolishness
**borò** [borò] *emph. pron. (2nd
pers. pl., both subj. and obj.)*
you: **Borò lu** You people come:
**M̀ kọọ̀ nè borò** I speak to you
(people).
**bòrò'm̃** [bòrò?m̃] *n.* cassava
(=**ázákpọm**)
**Bórobàrà** [bórobàrà] *n.* a village
in Tẹ̀ẹ̀
**bù¹** [bù] *v.t.* take shelter; seek
security under a stronger power
**bù²** [bù] *v.t.* till the soil
**bù³** [bù] *v.t.* weed; illegally
uproot something planted
**bu¹** [bu] *n.* belly
**bu²** [bu] *prep.* inside: **Yii bú tọ**
Enter into the house.
**bu³** [bu] *adv.* inside: **Yère bu** Put
it in.
**bũ̀** [bũ̀] *n.* bow
**bũ** [bũ] *n.* door
**bṹ** [bṹ] *n.* "bush-cat"; Two-
Spotted Palm Civet (*Nandinia
binotata* PARADOXURINAE)
**búbe** [búbe] *n.* compound
**bùbùì** [bùbùì] *n.* thigh

**bùgàrà** [bùgàrà] *v.t.* uproot a
stump; exhume; dig out
**bugàrà** [bugàrà] *n.* uprooting of
a stump; digging out; exhuming
**bùge¹** [bùge] *v.t.* make dry
mulching; make air enter to the
roots of planted crops
**bùge²** [bùge] *v.t.* multiply;
increase
**bùgère** [bùgère] *adj., adv.*
sudden; suddenly
**bùgéré** [bùgéré] *v.t.* come
suddenly (to surprise someone)
**bùì** [bùì] *v.t.* cook; *v.n.* **bubùì**
cooking
**búí** [búí] *n.* mat
**bũi** [bũi] *n.* pus
**búlẹẹ** [búlεε] *n.* compound
**bùna** [bùnã] *v.p.* be born in a
household; **bùna be tẹ̀** be born
to one father
**búna** [bṹnã] *v.i.* break (*e.g.* of
stick): **Té búna** A stick breaks.
**bùnàbetẹ̀** [bùnã̀betè] *n.* a
cluster of children born to the
same father: (*proverb*)
**Bùnàbetẹ̀ ágú pḛ̀ḛ̀** (*lit.*)
Children in a household are
clusters of pears; i.e. right is
given to the person to whom it
is due by being the most closely
related
**bunòo** [bũnɔ̃ɔ̃] *n.* sky; heaven(s)
(=**kágara**)
**Bunù** [bũnù] *n.* a village in Tẹ̀ẹ̀
**bunwà** [bũŋʷã̀] *n.* number
**bùnwe** [bũŋʷε̃] *v.t.* train; rear:
**bùnwe nwḭ́ḭ́** Train the child.

**bunwe¹** [būŋʷẽ] *v t.* beget
**bunwe²** [būŋʷẽ] *n.* town; city (big or small): **Bunwè Kpègà** Jerusalem ('secure habitation')
**bùrà¹** [bùrà] *v.ɩ.* think
**bùrà²** [bùrà] *n.* thought
**bùra¹** [bùra] *v.ɩ.* be constructed
**bùra²** [bùra] *n.* structure
**bùrɛ** [bùrɛ] *v.cs.* make soft
**bṵ̀ṵ̀** [bṵ̀ṵ̀] *v.t.* count; number; read
**bṵ̀u** [bṵ̀ū] *v.t.* break; snap: **Bṵ̀u té** Break a stick.
**bṵ́ṵ́** [bṵ́ṵ́] *n.* kolanut
**bṵ̀ṵ̀gà̰** [bṵ̀ṵ̀gà̰] *v.i.* become muddy or impure
**bṵ̀ṵ̀gā** [bṵ̀ṵ̀gā] *adj.* muddy
**bṵ̀ṵ̀gẽ** [bṵ̀ṵ̀gẽ] *v.cs.* make clean water muddy
**buwe** [buwe] *v.t.* build by applying mud to a framework of sticks; **Búwé tọ** Mud a house.
**buwɛ** [buwɛ] *v.adj.* be soft
**byáaga** [bjáaga] *v.adj.* be easily available or common
**byam** [bjām] *n.* wasp
**byá́** [bjá́] *n.* "iguana"; monitor lizard (*Varanus niloticus* VARANIDAE)
**byá̰à̰** [bjá̰à̰] *n.* bat *(general)* (CHIROPTERA)
**byá̰à̰-beèté** [bjá̰à̰-beèté] *n.* fruit-bat (MEGACHIROPTERA) (**gbọ byá̰à̰, kpàm̀ byá̰à̰**)
**byá̰à̰-tọ́** [bjá̰à̰-tọ́] *n.* house-bat (MICROCHIROPTERA) (= **kpírí byá̰à̰**)

**byẽ** [bjẽ] *v.i.* be far; live long: **Lo kẽ byế** That place is far: **Lo nee nà byḛ̂́a** That man has lived long.
**byɛ́byɛ́ɛ́** [bjɛ́bjɛ́ɛ́] *n.* termite; white ant
**byɛ̰̀byèm̀** [bjɛ̰̀bjɛ̰̀m̀] *n.* iron rod
**byɛ̰̀ɛ̰̀** [bjɛ̀ɛ̀] *v.t.* judge
**byɛɛ** [bjɛɛ] *n.* judgment
**byɛ́ɛ́¹** [bjɛ́ɛ́] *n.* dırt
**byɛ́ɛ́²** [bjɛ́ɛ́] *adj.* dırty
**byố** [bjɔ́] *n.* nose
**byò̰gō** [bjɔ̰̀gɔ̃] *n.* ındıgo

# D

**da** [da] *v.t.* lick
**dá¹** [dá] *n.* "altar"; drying-rack
**dá²** [dá] *n.* scar; mark left after healing of wound, burn, sore; *(fig.)* indelible impression in mind
**dã̀** [dã̀] *v.t.* hear: **dã̀àdá̰** *v.n.* hearing
**dàa** [dàa] *v.i.* sleep
**daà** [daà] *pron. (emph.* ¹*st pers. sg. subj. and obj.)* I; me: **Nè daà** Give it to me.
**dáa¹** [dáa] *n.* madness
**dáa²** [dáa] *n.* tooth
**dáá¹** [dáá] *n.* pancreas; sweetbread; gland near the stomach discharging a digestive secretion and insulin
**dáá²** [dáá] *n.* sleep
**dàà bá ló** [dàà bá ló] *v.phr.* touch

**dààbálóòhyékarì**
[dààbálóòçékarì] *n.* gecko
**dáàkôò** [dáàkɔ̀ɔ̂] *n.* cowry (*lit.*
'fowl's tooth')
**dàb¹** [dàb] *v.t.* dodge
**dàb²** [dàb] *adj.* tasteless; insipid;
without flavour
**dàb³** [dàb] *n.* acid
**dab** [dab] *v.i.* stray
**dáb¹** [dáb] *aux.v.* can; be able
**dáb²** [dáb] *n.* small bird species,
very scarce
**dábá** [dábá] *n.* oyster
**dàga** [dàga] *v.i.* hold (as gum):
**Dẹ̀b dága** The gum holds.
**dàgàdágà** [dàgàdágà] *adj.*
distant from the road or from an
open space
**dàm̀** [dằm̀] *n.* ulcer
**dam** [dām] *v.t.* bite; ache (of
belly)
**dám̀** [dám̀] *n.* husband; expert
**dámana** [dámānā] *n.* ram
**dám̀-dám̀** [dám̀-dám̀] *pred.adj.*
mild; not severe; not much
**dámpiyè** [dámpijè] *n.* doctor
**dámtọ̀ọ̀** [dámtɔ́ɔ̀] *n.* expert
hunter (=**tọ́ọ̀kùwẹ̀**)
**dàrà¹** [dàrà] *v.t.* carry; raise:
**Dàra bá** Raise your hand (to
vote).
**dàrà²** [dàrà] *n.* credit
**darà** [darà] *n.* African Star
Apple, *Chrysophyllum delevoyi*
De Wild. SAPOTACEAE)
**dàra dùme** [dàra dùmē] *v.phr.*
carry (child) on back (=**yaa
dùme**)

**dàrakē** [dàrakē] *v.t.* support
**daràkē** [daràkē] *n.* support
**dè¹** [dè] *v.i.* be present; be in
existence: **À dè** She/He/It
exists: **Ké a dè dòò lo** That is
how it is.
**dè²** [dè] *conj.* if: **Dè ò lúù, ó mue**
If you come, you will see.
**de** [de] *v.t.* eat
**dẹ** [dɛ] *n.* wide fish-pond; still
water (*opp.* **máátée** running
water)
**dẹ́** [dɛ́] *n.* an era
**dềa** [dềā] *v.t.* eat soup
**dẹ̀b¹** [dɛ̀b] *n.* gum
**dẹ̀b²** [dɛ̀b] *n.* euphorbia, a spiny
plant used for fencing
**dẹb** [dɛb] *v.adj.* be thick like
**àkàmù**
**deè¹** [deè] *n.* the way
**deè²** [deè] *n.* hole
**dée** [dée] *n.* day; date:
**Dée a yira** Good morning!
(*The response is* **Dée a yira**
*and not* **yiradée**, *which means*
'daybreak'.). The **Tẹ̀ẹ̀** native
weekdays in succession are:
**Déèbóm**
**Déèźía**
**Deésôo**
**Deékọ**
**Déèmòò**
**dẹẹ** [dɛɛ] *n.* bed
**dềe** [dềē] *v.t.* climb
**dée¹** [dɛ́ɛ̄] *n.* eye
**dée²** [dɛ́ɛ̄] *n.* colour
**déé** [dɛ́ɛ́] *n.* wall

dèègà [dèègà] v.i. ponder; consider; think out: À ga beè dèègà He was pondering (it).

deè-mani [deè-mānī] n. urethra (coinage)

dée-nyaàna-meà [déē-ɲaā̀nā-mēā̀] n. eye condition where sight is distorted; metamorphopsia

deè-ǫ̀gẹ [deè-ɔɔ̀gɛ] n. windpipe; trachea (coinage)

dèère! [dèère] interj. It's none of my business!

Deèyǫ [deèjɔ] n. Deeyor, name of a village in Gokana

Deèyǫ-Kìrà [deèjɔ-kìrà] n. a village in Tèè

dègàrà [dègàrà] adj. collected (as rainwater): dègàrà máá collected water

dẹgàrà [dɛgàrà] v.i. collect as rainwater

dègẹ¹ [dègɛ] v.t. dodge (as in football)

dègẹ² [dègɛ] v.cs. seal; stick to; be stuck to; cleave to; dẹ̀ẹ̀dẹ́gẹ́ v.n. sealing; sticking to; cleaving to

dègèrè [dègèrè] adj. (of vertical object) not tall

dèm [dēm] v.t. create; mould

dem [dēm] n. rock; stone; block

dem̀-akàté-be [dēm̀-akàté-be] n. foundation stone

dem̀-gbèà-nu [dēm̀-gbēā̀-nū] n. grinding-stone

dem̀-nyaàna-meà [dēm̀-ɲaā̀nā-mēā̀] n. metamorphic rock (coinage)

dèrè [dèrɛ] n. vulture, Neophron monachus ACCIPITRIDAE

dò [dò] v.t. measure

do [do] n. camwood tree (Baphia nitida Lodd. LEGUMINOSAE-PAPILIONIOIDEAE); its substance ground into powder and rubbed on body

dǫ̀¹ [dɔ̀] v.i. fall; fail

dǫ̀² [dɔ̀] v.t. dig

dǫ̀³ [dɔ̀] v.t. summons

dǫ̀⁴ [dɔ̀] v.ı. blow (as wind)

dǫ̀⁵ [dɔ̀] n. summons: dǫ̀ dǫ̀ take court action

dǫ̀⁶ [dɔ̀] n. sound

dǫ̀⁷ [dɔ̀] n. position

dǫ¹ [dɔ] n. failure; falling

dǫ² [dɔ] n. pile; spile; a stake or digging-stick driven into the ground

dòbá [dɔ̀bá] n. the sound of the palm of the hand struck on the body

dodo [dodo] adj. red

dògàrà¹ [dɔ̀gàrà] v.i. wriggle, as a person who wants to be released; also fig., as in an argument: v.n. dǫdǫ̀gàra

dògàrà² [dɔ̀gàrà] n. wriggling

dògò [dògò] n. behaviour; character

dònà [dɔ̃nā̀] n. heaviness

donà [dɔ̃nà] v.adj. be heavy

dòò¹ [dòò] v.t. do: À beè dòò He did it. v.n. dodòò

dòǒ² [dòǒ] v.t. (usu. dòò bí)
defecate (cf. sí kùwẹ̀ a polite
expression)
dóó [dóó] adv. in that way; in
that manner
dọ̀ọ̀ [dɔ̀ɔ̀] v.i. fall (of rain): **Boo
ga dọ̀ọ̀** It is raining (lit. Rain is
falling).
dọ́ọ̀ [dɔ́ɔ̀] n. fishing; fishing-
water
dǒò [dɜ̌ɜ̀] v.t. share
dǒò [dɜ̌ɜ̀] n. one's share;
division
dóódóó [dóódóó] n. bird species
dòògà [dòògà] n. effect(s);
result(s)
dòògà [dòògà] v.i. be done;
happen: **A beè dòògà** It was
done by him: **Nú o ga kọ beè
dòòga dóó** What you are saying
happened so/was done so.
dóoga [dóoga] v.adj. be sticky
dóógá [dóógá] adj. sticky
dòòganù [dòògǎnǔ] n. incidents;
happenings
doòna [dɜ̌ɜ̌nǎ] adj. another
dọ̀ọ̀rà [dɔ̀ɔ̀rà] v.t. harvest yam or
dig stumps
dòò tēe [dòò tēē] v.phr. succeed
(=dòò yie)
dòòwó [dòòwó] interj. goodbye
dòò yie [dòò jie] v.phr. succeed
(=dòò tēe)
du [du] n. market; cost; value or
worth of something
dǔ [dǔ] n. tail
dǔgǎ¹ [dǔgǎ] v.i. be sad; be
sorrowful

dǔgǎ² [dǔgǎ] n. resting of chin
on hand as evidence of sadness
dùm̀ [dùm̀] n. soul
dum [dūm] n. life
dùme¹ [dǔm̄ɛ̄] v.cs. enrich:
**Dùme ye** Enrich him.
dùme² [dǔm̄ɛ̄] n. back
dùnèè¹ [dǔnɛ̀ɛ̀] v.i. strive with
one another
dùnèè² [dǔnɛ̀ɛ̀] n. strife
dúu¹ [dúu] n. dust
dúu² [dúu] n. the hard edible part
at the base of fungi [check
technical name]
dùùgà¹ [dùùgà] v.refl. withdraw
from sight or danger; avoid;
retract body into shell (of
snail): **À nà duùga** He has
withdrawn himself; **Kpẹ́ẹ́ nà
dùùga yii bu ákó** The snail has
withdrawn itself into the shell.
dùùgà² [dùùgà] n. withdrawal;
disappearance; (fig.) salvation
dùùrà¹ [dùùrà] v.t. pull; draw
out; deliver; save: v.n. **duduùra**
dùùrà² [dùùrà] v.t. sip
dúwá¹ [dúwá] n. year
dúwá² [dúwá] n. cow's horn
used by the old men for
drinking wine
Dúwá³ [dúwá] n. annual New
Yam Festival
dúwe [dúwe] n. heat of the sun;
sunshine (cf. **anààni**)

# E, Ẹ, Ẽ

**e** [ʔe] *n.* a vowel
**e?** [ʔe] *interr.* what?
**ẹ** [ʔɛ] *v.t.* pluck leaves
**ế'ề** [ʔɛ́ʔɛ̀] *interj.* no; negative
**ẹ̀b** [ʔɛ̀b] *v.t.* look at
**èè** [ʔèè] *adj.* **A.** better: **À lée èè** It is better; **B.** bigger; greater: **À gbuwe èè** It is bigger; **C.** taller; longer: **À nyóo èè** It is taller/longer.
**ee** [ʔee] *v.t.* collect fire
**éé** [ʔéé] *n.* fluted pumpkin (*Telfairia occidentalis* CUCURBITACEAE)
**ẹ́ẹ́** [ʔɛ́ɛ́] *adj.* white; pure
**ẽe** [ʔẽẽ] *interj.* yes (affirmative)
**ẹ́ẹ́-akaà** [ʔɛ́ɛ́-akaà] *n.* crab species
**èèbá** [ʔèèbá] *v.t.* overcome
**eèbá** [ʔeèbá] *n.* overcoming; victory
**ẹ́ẹ́dée** [ʔɛ́ɛ́dée] *n.* daylight (=**èrà** = **pìyè**)
**èègà¹** [ʔèègà] *v.i.* spill
**ẹ̀ẹ̀gà²** [ʔɛ̀ɛ̀gà] *v.refl.* look at oneself; examine oneself
**ẽegá** [ʔẽẽgá] *v.i.* brag
**éega** [ʔẽẽga] *n.* bragging
**eègà** [ʔeègà] *v.i.* become late (of time): **Só ga èègà** It is becoming late.
**ẹ́ẹ́kpé** [ʔɛ́ɛ́kpé] *n.* silver
**Ẹ́ẹ́máá** [ʔɛ́ɛ́máá] *n.* a village in **Tẹ̀ẹ̀**

**ẹ́ẹ́nyie** [ʔɛ́ɛ́ɲíẽ] *n.* joy (*lit.* 'pure heart')
**ègarà¹** [ʔègàrà] *v.t.* pour; cause to spill
**ègarà²** [ʔègàrà] *v.t.* sow (seed)
**égárá** [ʔégárá] *adj.* mature (of fruit)
**ègárá** [ʔègárá] *v.i.* mark a position before digging for planting
**ège** [ʔège] *v.i.* mature
**ẽgẽ** [ʔẽ̀gẽ] *v.t.* fry
**ègèrè** [ʔègèrè] *n.* road
**ẽhẽè¹** [ʔẽ̀hẽ̀ẽ̀] *interj.* oho! (expression of remembering something forgotten)
**ẽhẽè²** [ʔẽ̀hẽ̀ẽ̀] *interj.* that is what you want; you deserve it!
**ẽhéé** [ʔẽ̀hẽ́ẽ́] *interj.* you have started again? (calling the attention of a trouble-maker)
**em** [ʔẽm] *v.t.* write
**èmà¹** [ʔẽ̀mã̀] *v.t.* examine; test; try; tempt
**èmà²** [ʔẽ̀mã̀] *n.* examination; test; trial; temptation
**ém̀nu** [ʔẽ́m̀nũ] *n.* writing
**enáa** [ʔẽnáa] *v.t.* receive
**èrà¹** [ʔèrà] *v.i.* be wrong
**èrà²** [ʔèrà] *n.* daylight (=**ẹ́ẹ́dée** = **pìyè**)
**èra** [ʔèra] *v.i.* be complete in number or amount; **Kpìgì/Bùà náa éra** The money/number is not complete.
**ẹ̀rà** [ʔɛ̀rà] *v.i.* compete
**èrabá** [ʔèrabá] *adj.* every; each; **èrabá kẽ** everywhere;

wherever (=kùràkúrá kḛ̃):
Èrabá ké o si ó mue ye
Wherever you go you will see
him; èrabá nu everything;
èrabá nu (=kùràkúrá nu):
Èrabá nu dè There is
everything.
èrà-èrà [ʔèrà-ɛ̀rà] n.
competition
ère [ʔère] v.t. make complete
ère̩ [ʔèrɛ] v.t. have; possess;
tè-ére̩ n. possessor; owner
ère̩ [ʔɛrè] pron. emph. pron.
(3rd pers. sg. subj. and obj.)
he/she; him/her: È̩rè̩ beè dè
He was there: Bà bè kó̩ nè ère̩
They spoke to him/her (emph.
obj.)
ère̩bà [ʔèrɛ̀bà] num. seven
èrèhínyá [ʔèrèhĩ́ɲá] v.cs. make
hot; heat
èrètaa [ʔèrètaa] num. eight
èrètaàga [ʔèrètaàga] n.
octagon (coinage)

# F

fínímáá [fínímáá] n. shark

# G

ga¹ [ga] part. (particle
indicating present continuous
tense): Á ga lu He is coming:
Bà ga lu They are coming.
ga² [ga] part. don't (particle
indicating negative command):

Ó ga dòò Don't do it (2nd pers.
sg.); Bò óga dòò Don't (you
people) do it (2nd pers. pl.); Á
ga dòò Let him not do it (3rd
pers. sg.); Bà ága dòò Let them
not do it (3rd pers. pl.
gá [gá] n. angle; corner
(=hwíikḛ̃)
gã̀ [gã̀] n. adultery; fornication;
concubine; concubinage;
informal marriage
gã [gã] n. extended family
gã̀ã̀ [gã̀ã̀] v.i. hesitate; take
time to consider before
reacting: Á náa beè gã̀ã̀ He
did not hesitate.
gã̀ã̀té [gã̀ã̀té] n. almond tree
[ɪd]
gã̀ã̀té [gã̀ã̀té] n. fishpond
gàdá [gàdá] n. table
gadè [gadè] conj. even if
gàgànà n. [gàgã̀nã̀] n.
shoulder (=beèlɛ́b)
gàm̀¹ [gàm̀] v.t. tell tales
gàm̀² [gàm̀] n. tale-bearing
gámàló [gámàló] n. boldness;
agility
gànìté [gã̀nìté] n. four-legged
kitchen stool
ganòo [gãnɔ̀ɔ̃] n. height
gárá [gárá] n. mangrove
garagárà [garagárà] n. bitter
kola (Garcinia kola Heckel
GUTTIFERAE)
gárágárá¹ [gárágárá] n. agility
gárágárá² [gárágárá] adj. agile
gárágárá³ [gárágárá] adv.
agilely

garí [garí] *n.* gari; fried or baked cassava
gbà¹ [gbà] *v.t.* twist; twine: **Gbà ázíi** Twist the thread.
gbà² [gbà] *v.i.* (*fig.*) swing back and forth like a pendulum: **À ga tora gbà** He is not steady in life.
gbà³ [gbà] *v.t.* accuse
gbà⁴ [gbà] *v.t.* divert
gbà⁵ [gbà] *n.* swing; pendulum
gbà⁶ [gbà] *n.* ill-luck
gba [gba] *v.t.* sew; join
gbá¹ [gbá] *n.* mud
gbá² [gbá] *adv.* altogether
gbãa [gbãa] *v.i.* intercede; mediate; arbitrate; *v.n.* gbãgbáá intercession; mediation; arbitration
gbáàbẹẹ [gbáàbɛɛ] *n.* tongs
gbàaga [gbàaga] *v.refl.* separate themselves
gbaàga [gbaàga] *v.i.* give up the ghost; die: *v.n.* gbagbàaga
gbãagã [gbãagã] *n.* hesitation
gbãaga [gbãaga] *v.i.* hesitate
gbáagã [gbáagã] *v.t.* be excessive; be too much
gbàaló [gbàaló] *v.i.* be gathered together
gbáaló [gbáaló] *n.* congregation
gbàara [gbàara] *v.t.* separate (as thread); unravel; separate (two persons fighting)
gbáatòò [gbáatɔ̀ɔ̀] *n.* community (=gbáayìì)

gbáayìì [gbáajìì] *n.* community (=gbáatɔ̀ɔ̀)
gbága [gbága] *v.i.* chip, as when an enamel object falls on cemented ground; (*fig.*) (of persons) die frequently
gbágá [gbágá] *n.* hook type, metal or wooden, used to draw an object nearer; (*fig.*) attraction (of someone to something good or bad): **À lú gbágá yé ló** It is a source of attraction to him (good or bad).
gbàgárá [gbàgárá] *v.t.* disjoin; separate; peel; remove the outer covering
Gbákẽ [gbákẽ] *n.* Gbaken, a village in Tẹ̀ẹ̀
gbàm̀¹ [gbãm̀] *id.* the banging of a door: **Bū doo gbàm̀** The door banged shut.
Gbàm̀² [gbãm̀] *n.* a village in Tẹ̀ẹ̀
gbam [gbām] *n.* Blue or Maxwell's duiker (*Cephalophus monticola, C. maxwelli* CEPHALOPHINAE)
gbànà [gbãnã̀] *adj.* not parallel; not vertical; not square
gbanà [gbãnã̀] *v.i.* slope; incline; not to be parallel; not to be vertical
gbàra [gbàra] *n.* oil-bean (*Pentaclethra macrophylla* LEGUMINOSAE-MIMOSOIDEAE)
gbárà [gbárà] *n.* man (=neèdám)

23

**gbára¹** [gbára] *v.i.* go fast; hasten: **Gbàra** Go fast!
**gbára²** [gbára] *v.adj.* be not straight, not vertical, crooked
**gbáregbáre** [gbáregbáre] *adv.* fast; in haste
**gbé¹** [gbé] *v.i.* be spoilt
**Gbé²** [gbé] *n.* a village in Gokana
**gbẹ̀** [gbɛ̀] *n.* Dwarf Antelope, with very tiny legs (*Neotragus batesi* NEOTRAGINAE)
**gbẹ** [gbɛ] *v.t.* despise; treat with disregard
**gbě** [gbě] *v.t.* grind: *v.n.* **gbēgbě**
**gbée** [gbée] *v.t.* spoil; damage
**gbẹ́ẹ́¹** [gbɛ́ɛ́] *n.* filth; filthiness
**gbẹ́ẹ́²** [gbɛ́ɛ́] *adj.* filthy
**gběè** [gběè] *v.t.* slant; slope
**gběègǎ** [gběègǎ] *v.i.* not to be vertical; slant; slope; **gbēgběègǎ** *v.n.* not being vertical; sloping
**gběè tó** [gběè tó] *v.phr.* listen; incline the ear to
**gbɛgà** [gbɛgà] *v.i.* waver; oscillate unsteadily; be undecided between opinions
**gbémgbéré** [gbémgbéré] *n.* bivalve (probably *Tagelus adansonii* SOLECURTIDAE)
**gbēne** [gbēnē] *adj.* big; great; magnificent; splendid; elder: **nà gbène nwíìkà-neèdám** my elder brother
**gbènekpò** [gbēnēkpò] *n.* mountain

**gbènepóro** [gbēnēpóro] *n.* shark
**Gbène-Úwé** [gbēnē-úwé] *n.* a village in Tẹ̀ẹ̀
**gbèrè** [gbèrè] *n.* lizard
**gbíí¹** [gbíí] *v.t.* want; desire; look for; search for; seek; *v.n.* **gbígbíí** seeking
**gbíí²** [gbíí] *v.t.* dig (yam)
**gbímùe** [gbímǔè] *v.t.* find; discover; find out
**gbò¹** [gbò] *v.t.* make wealth; become rich
**gbò²** [gbò] *n.* club; group
**gbó** [gbó] *n.* dog
**gbọ̀** [gbɔ̀] *v.i.* vomit: **À ga gbọ̀** He is vomiting.
**gbọ** [gbɔ] *n.* vomiting
**gbɔ̀¹** [gbɔ̀] *v.t.* give comfort to a sorrowful person
**Gbɔ̀²** [gbɔ̀] *n.* Tẹ̀ẹ̀ name for Igbo
**gbɔ́ɔ́¹** [gbɔ́ɔ́] *n.* a climbing rope
**gbɔ́ɔ́²** [gbɔ́ɔ́] *n.* castnet
**gbóoni** [gbɔ́ɔ́nîi] *n.* poor person; poverty of the highest degree
**gbòra** [gbòra] *v.i.* work hard
**gbóra** [gbóra] *n.* hard work
**gbórò** [gbórò] *n.* white round yam
**gbubeèté** [gbubeèté] *n.* stump of tree
**gbúgu** [gbúgu] *n.* small squat type of calabash
**gbùgùrù** [gbùgùrù] *n.* (of place) that particular (place) surrounded by a boundary

**gbùgùrù-máá** [gbùgùrù-máá] *n.*
lake
**gbùre** [gbùre] *v.t.* make great;
magnify
**gbùre ágá** [gbùre ágá] *v.phr.*
exaggerate
**gbùrè-ágá** [gbùrè-ágá] *n.*
exaggeration
**gbùrùgbù** [gbùrùgbù] *n.* carton
**gbùrùnoo** [gbùrùnɔ̄ɔ̄] *n.*
centipede
**gbùwè** [gbùwè] *v.adj.* be great;
be fat
**gbuwe** [gbuwe] *n.* greatness
**gé¹** [gé] *n.* kind of small fish
**gé²** [gé] *part.* a word indicating
a question: **Ò sūà gé?** Do you
know?
**gḕ** [gḕ] *n.* cutlass; matchet
**gē** [gē] *v.i.* get worse; spread
(as news); putrefy (of wound)
**gée¹** [gée] *v.i.* drop; flow
slowly and drop like oil
**gée²** [gée] *v.i.* be rather far
**gẹẹ** [gɛɛ] *v.i.* be light and
flying away
**gέέ** [gέέ] *n.* bell
**gèègà** [gèègà] *v.i.* move
steadily without making a
sound
**gɛɛgɛɛ** [gɛɛgɛɛ] *adj.* delicate;
needing careful handling
**géèrèbá** [géèrèbá] *adj.* not
very far (*but politely and
ironically used to indicate a far
distance*)
**gègé** [gègé] *adj.* circular and
wide

**gēhyɔ́rɔ̀** [gēhjɔ́rɔ̀] *n.* shrimp
**gẹrà** [gɛrà] *v.i.* become oily;
become septic or infected;
putrefy (of wound)
**gèrè** [gɛ̀rɛ̀] *n.* (*music*) response
of chorus
**gèrègè** [gèrègè] *adv.* exactly
(of a central position) at the
point
**gérégéré¹** [gérégéré] *n.*
xylophone; masquerade
accompanied by the xylophone
**gérégéré²** [gérégéré] *adj.*
slender, tall, and handsome or
beautiful
**gīà¹** [gīà] *n.* valour; bravery;
prowess; a brave person; a hero
**gīà²** [gīà] *adj.* brave;
courageous; valiant
**gírà** [gírà] *n.* clapperless iron
bell; "gong"
**gírí** [gírí] *n.* small bird that eats
bananas
**gò¹** [gò] *n.* eagle
**gò²** [gò] *n.* ladder
**gɔ̀** [gɔ̀] *n.* gesture
**gō** [gɔ̄] *v.t.* hide
**gɔ̄ã¹** [gɔ̄ã] *v.i.* be hidden
**gɔ̄ã²** [gɔ̄ã] *n.* hiding; secret
place; secrecy
**gɔ́ɔ́** [gɔ́ɔ́] *n.* laziness; a lazy
person
**gùmì** [gùmì] *n.* noise
**gúmí** [gúmí] *n.* barn
**gùnàkḕ-έέdée** [gùnàkḕ-έέdée]
*n.* twilight

gùrù [gùrù] *n.* buffalo; bushcow (*Syncerus caffer* BOVINAE)
gùwè̩ [gùwè̩] *n.* loud continuous sound, as of a plane
gwa [gʷa] *v.t.* mix; intermingle; *v.n.* gwagwá mixing; mixture
gwàgwá [gʷàgʷá] *pred.adj.* mixed: À lú gwàgwá It is mixed.
gwéré [gʷéré] *n.* a tree used for making canoes
gwȉì [gʷȉì] *n.* electric fish (*Malapterurus electricus* MALAPTERURIDAE)
Gyóó [gjóó] *n.* Gio, a village in Tè̩è̩

# H

há-háà! [háháà] *interj.* haha! (sound of laughter)
hè̃! hè̃! [hè̃ hè̃] *interj.* look out! (*warning of danger*)
hínyá [hĩɲá] *n.* fire
hínyáhínyá [hĩɲáhĩɲá] *adj.* hot; (*fig.*) very soon; immediate
hìnyanuló [hĩɲānūló] *v.t.* smell
hla [ɭa] *n.* yawning
hlàà [ɭàà] *n.* extensive area (of land): máá hlàà expanse of sea
hlàa [ɭàa] *n.* pangolin, which rolls up when seen or touched (*Manis* spp. PHOLIDOTA)
hláá [ɭáá] *n.* gari pot
hlabà [ɭabà] *n.* wing(s)
hlę [ɭɛ] *n.* panting; gasp(ing)

hlèb [ɭèb] *id.* scattered in panic and running helter-skelter: Bà doo hlèb They are scattered in panic and run helter-skelter.
hlèbàrà [ɭèbàrà] *v.t.* remove the small tender yam tuber to produce many "seedlings" (=kę̩)
hlèègà [ɭèègà] *v.i.* hesitate
hleegá [ɭeegá] *v.i.* be dislocated (=toomá)
hléégá [ɭéégá] *adj.* dislocated; hléégá tọ dislocated leg
hleegará [ɭeegará] *v.t.* dislocate (=toománá)
hlè̩gę̩¹ [ɭègɛ] *n.* fontanelle; where babies' breathing is felt on head
hlè̩gę̩² [ɭègɛ] *n.* hiccup(s)
hlòb [ɭòb] *num.* ten
hlòb-nè̃-ànȉì [ɭòb-nè̃-ʔànȉì] *num.* sixteen
hlòb-nè̃-ànìnyìà [ɭòb-nè̃-ʔànȉɲȉà] *num.* nineteen
hlòb-nè̃-aźȉì [ɭòb-nè̃-ʔaźȉì] *num.* eleven
hlòb-nè̃-bè̩è̩ [ɭòb-nè̃-bè̩è̩] *num.* twelve
hlòb-nè̃-ę̩rè̩bà [ɭòb-nè̃-ʔę̩rè̩bà] *num.* seventeen
hlòb-nè̃-ę̩rę̩taa [ɭòb-nè̃-ʔę̩rę̩taa] *num.* eighteen
hlòb-nè̃-nyìà [ɭòb-nè̃-ɲȉà] *num.* fourteen
hlòb-nè̃-òò [ɭòb-nè̃-ʔòò] *num.* fifteen
hlòb-nè̃-taa [ɭòb-nè̃-taa] *num.* thirteen

**hlòb tub** [l̰òb tub] *num.* two hundred

**hlóó** [l̰óó] *n.* navel

**hlú** [l̰ú] *n.* death: **U hlu** Die the death!

**hm̀** [hm̀] *interj.* grunt with the mouth closed, complaining about life; expression of fear or disgust

**hnà** [ŋ̰à] *n.* hornbill (BUCEROTIDAE)

**hnó** [ŋ̰ɔ́] *n.* war; (*fig.*) struggle

**Hɔ̰̀rɔ̰̀** [hɔ̀rɔ̀] *n.* a village in Tèḛ̀

**hwà** [ʍà] *v.t.* weed

**hwa** [ʍa] *v.t.* throw to the ground forcibly in order to break

**hwá** [ʍá] *n.* intestine

**hwǎ** [ʍǎ] *v.t.* respect (*n.* **ahwǎ**)

**hwáà** [ʍáà] *n.* canoe; ship; vehicle

**hwǎgànà** [ʍǎgǎnǎ] *v.t.* wrest, take violently (something from somebody)

**hwǎgíní** [ʍǎgíní] *v.t.* squeeze; compress; (*fig.*) prevent someone from doing something; twist (facts)

**hwę** [ʍɛ] *v.t.* kill

**hwęb** [ʍɛ̀b] *id.* sagging: **Noo to do hwęb** The roof is sagging.

**hwęb** [ʍɛb] *adj.* low: **hwęb kē** low(-lying) land

**hwéé** [ʍéé] *n.* calabash (*general*)

**hweerá** [ʍeerá] *v.t.* break down (*e.g.* old wall)

**hwęęréló** [ʍɛɛréló] *v.adj.* be peaceful; abide in peace

**hwę́ę́réló** [ʍę́ę́réló] *n.* peace

**hwègè** [ʍègè] *n.* humble service; humility

**hwem** [ʍēm] *v.t.* keep on pressing in massage; press oil from palm fibre

**hwénkéré** [ʍénkéré] *n.* groundnuts

**hwę́rę́** [ʍę́ré] *n.* plate, especially breakable

**hwęrę̀hwę̀** [ʍèrèmè] *n.* herb with indented leaf, used as medicine (*Laportea ovalifolia* (Schum.) Chew URTICACEAE)

**hwĩ̀ĩ̀¹** [ʍĩ̀ĩ̀] *v.t.* cut with knife or axe

**hwĩ̀ĩ̀²** [ʍĩ̀ĩ̀] *v.t.* stop action or bad behaviour; end

**hwĩ̀ĩ̀³** [ʍĩ̀ĩ̀] *n.* will-power; zeal

**hwíí¹** [ʍíí] *n.* mango

**hwíí** [ʍíí] *pred. adj.* dry and hard, needing water to soften: **À lu hwíí** It is dry and hard.

**hwìiri** [ʍìiri] *v.t.* blow with mouth (fire, musical instrument)

**hwìnì** [ʍìnì] *n.* monkey

**hwíní** [ʍíní] *n.* freshwater plant with cocoyam-like leaf and thorny stem (*Cyrtosperma senegalense* (Schott) Engl. ARACEAE)

**hwìrì** [ʍìrì] *n.* beard

**hwo** [ʍo] *v.t.* plant (crops)

**hwọgọ́rọ́** [ʍɔgɔ́rɔ́] *n.* big black edible frog, found in fresh water

**hwọ̀ọ̀** [ʍɔ̀ɔ̀] *n.* small frog

**hwulọ̣** [ʍulɔ̣] *v.i.* miss target, *(also used fig.)*: **À hwulọ̣** It misses the target.

**hwùrà** [ʍùrà] *v.i.* break; end; stop (of rope or action)

**hwùù¹** [ʍùù] *v.i.* be swollen

**hwùù²** [ʍùù] *n.* swelling disease, probably kwashiokor

**hwúuga¹** [ʍúuga] *v.i.* swoop down, like a kite on chickens

**hwúuga²** [ʍúuga] *v.i.* be strong enough (of pounded yam or fufu)

**hyáà** [çáà] *n.* yam when cooked or roasted, to be eaten by chewing

**hyára** [çára] *v.i.* burn: **Zíá hyára** The yam is burnt.

**hyárá** [çárá] *adj.* dry; without water

**hyẹẹ¹** [çɛɛ] *v.t.* roll between the palms into a ball or small cylinder; spin into thread

**hyẹẹ²** [çɛɛ] *v.t.* (of fire) blow from a glow to a flame; *(fig.)* make grow from an undeveloped to a developed stage

**hyeègà** [çeègà] *v.adj.* be left open: *e.g.* **À hyeègà** It is left open.

**hyeère** [çeère] *v.t.* open; leave open (=**kpaaná**)

**hyẹ̀rẹ** [çɛ̀rɛ] *v.cs.* make burnt: **À hyẹ́rẹ zía** He makes the yam burnt.

**hyîm¹** [çîm] *v.adj.* be sour: **À hyîm** It is sour.

**hyîm²** [çîm] *v.adj.* be calm: **Bàrà hyîm** The farm is calm.

**hyòb** [çòb] *v.t.* make a hole (=**hyògàrà**)

**hyób** [çób] *id.* describes the crack of a whip

**hyògà¹** [çògà] *v.adj.* be deep

**hyògà²** [çògà] *n.* depth; *e.g.* **ye hyòga** its depth

**hyògà³** [çògà] *adv.* deeply: **À bura hyogà** He thinks deeply.

**hyògàrà** [çògàrà] *v.t.* make a hole; pierce (as ear) (=**hyòb**)

**hyọ̀gàrà** [çɔ̀gàrà] *v.t.* swallow

**hyọ́ọ** [çɔ́ɔ] *n.* snake

**hyọ́ọ́** [çɔ́ɔ́] *n.* music; song: **Úwẹ hyọ́ọ́** Sing a song.

**hyọọ̀gà** [çɔɔ̀gà] *v.i.* drop from the bunch (like palm fruit); slip out of joint; *(fig.)* fail to happen: **À hyọọ̀gà** It drops off (because it is over-ripe, as palmfruit), *(fig.)* It fails to happen.

**hyọọ̀rẹ** [çɔɔ̀rɛ] *v.i.* be unsuccessful (of seed-yams that fail to grow); *(fig.)* fail to happen

**hyòòri** [çòòri] *v.i.* flower

**hyoori** [çoori] *n.* tea-bush; a spice used for cooking

(*Ocimum gratissimum* Linn.
LABIATAE)
**hyọ̀ọ̀ri** [çɔɔ̀ri] *v.i.* slip
**hyọ́rọ̀** [çɔ́rɔ̀] *n.* shrimp;
"crayfish"; "lobster" (*general term*)
**hyōó'e** [çɔ̄ɔ́ʔe] *n.* tomorrow
**hyūe** [çū̄ē] *v.t.* "butcher", cut up (dead animal)
**hyúnú-póro** [çū́nū́-póro] *n.* fish on a small rack
**hyúu¹** [çúu] *n.* thorn(s)
**hyúu²** [çúu] *n.* louse
**hyúú** [çúú] *n.* rat; mouse
**hyuúbū** [çuúbū] *n.* key (=ígara, =hyúùgòdò)
**hyúùgò** [çúùgò] *n.* step; (*fig.*) university degree (*coinage*): **túá hyúùgò** first or Bachelor's degree; **érèbẹ̀ẹ̀ hyúùgò** second or Master's degree; **érètaà hyúùgò** third or doctoral degree
**hyúùgòdò** [çúùgòdò] *n.* key (=ígara, = hyuúbū)
**hyúùlóbínà** [çúùlóbínà] *n.* porcupine (*Atherurus africanus* HYSTRICIDAE)
**hyúúkàà** [çúúkàà] *n.* eggplant; "garden-egg" (*Solanum spp.* SOLANACEAE)

# I, Ī

**i, ì** [ʔi, ì] *pron. (1st pers. pl. subj.)* we : **Í doo** We shall/will do (it): **Ì ga sí doo** We are going to do (it).
**ib** [ʔib] *v.t.* massage

**íb¹** [ʔíb] *n.* kernel
**íb²** [ʔíb] *n.* a kind: **lo íb** that kind
**ìbéré** [ʔìbéré] *v.t.* forget
**ìbi** [ʔìbi] *v.t.* collect water
**ìgà** [ʔìgà] *v adj.* be twisted: **À ìgà** It is twisted.
**ìga¹** [ʔìga] *v.adj.* be mature: **À íga** It is mature.
**ìga²** [ʔíga] *v.adj.* be compressed (of air under high pressure); be well mixed: **À íga** It is well mixed.
**ìgàrà¹** [ʔìgàrà] *v.t.* twist or make rope
**ìgàrà²** [ʔìgàrà] *v.t.* wring (clothes)
**ígara** [ʔígara] *n.* key (=hyuúbū)
**ìgárá** [ʔìgárá] *v.t.* lock (door or box): **Ìgárá bū** Lock the door.
**ii** [ʔii] *v.t.* marry a woman or women
**íi¹** [ʔíi] *adj.* dead: **íi nee** dead body; corpse; **íi nam** dead animal; carcass
**íi²** [ʔíi] *n.* corpse; carcass
**ììgà** [ʔììgà] *v.adj.* be bent, not straight (of line): **À ììgà** It is bent/not straight.
**íiga¹** [ʔíiga] *v.i.* be locked
**íiga²** [ʔíiga] *v.i.* tumble
**i-i-i-i** [ʔi-i-i-i] *interj.* a distant call in the bush
**ììmà¹** [ʔììmà] *v.adj.* be patient, accommodating: **Ó dáb yé**

ìımà gé? Can you accommodate (put up with) him?
ììmà² [ʔĩ̀mã̀] *n.* patience
iinétɛ́ [ʔĩinɛ́tɛ́] *v.i.* join together and act as a group in opposition to another group: Bà ĩinetɛ́ wa kpèe sí They joined together and faced them.
ìna¹ [ʔĩnã] *v.t.* arrive; reach; visit
ìna² [ʔĩnã] *n.* a short visit: À wée ina ìna He pays short visits *(cognate object)*
ìnye [ʔĩɲɛ̃] *v.t.* set (pot on fire): Ì nye bá déè hínyá Set the pot on the fire.
ìnyetɛ́ [ʔĩɲɛ̃tɛ́] *v.i.* sit; sit down
irì [ʔirì] *pron. (emph. pron.,* ¹st *pers. pl. subj. and obj.)* we; us: Irì beè nè yààló Gbárà We gave Gbara a coat: Gbárà beè nè yààló irì Gbara gave us a coat.
íyà! [ʔíjà] *interj.* an expression of surprise; What!
ìyàà! [ʔìjàà] *interj.* Good! *(an ironic expression of approval)*
ìye [ʔìje] *v.t.* leave; give up; surrender; forgo

# K

kà¹ [kà] *v.t.* give praise, glory, honour, respect to
kà² [kà] *n.* mother
kà³ [kà] *n.* size

kà⁴ [kà] *n.* lamp shade
ka [ka] *n.* praise; glory; honour; respect
-ka [ka] *suffix* the whole: *e.g.* zìkà nu one whole thing: bẹ̀ẹ̀kà nu two whole things
kàabùè [kàabùè] *n.* plantain
kààgà [kààgà] *v. refl.* boast; praise, glorify oneself
kààna [kã̀ã̀nã̀] *v.t.* pick (fruit); pluck (leaves)
Kaanì [kãã̀nĩ̀] *n.* a village in Ogoni, in Khana LGA
Kaanì-Bunù [kãã̀nĩ̀-būnũ̀] *n.* a village in Tẹ̀ẹ̀
káani [kã́ã́nĩ] *n.* firewood
kàb¹ [kàb] *v.t.* scratch: À kab ló ye He scratches himself.
kàb² [kàb] *v.t.* work with effort: À kab áwíi He weeds grass with effort.
káb [káb] *id.* describes the going out of a light, wink or blink of the eye; *(fig.)* of any sudden action: À doo káb It happens suddenly.
kàbàrà [kàbàrà] *v.t.* break open; clear a virgin forest
kàbáàrì [kàbáàrì] *n.* an aged man
kága [kága] *v.adj.* be dry: À kága It is dry: À kága ta It dries up (as water).
kágara [kágara] *n.* sky; heaven(s) (=bunòo)
kágárá [kágárá] *adj.* dry; needing water; kágárá số dry season

kagéré [kagéré] *v.cs.* make dry: **kagéré bu dúwe** dry in the sun (=**kegéré**)
kàhyáà [kàçáà] *n.* type of water-yam
kàkà¹ [kàkà] *n.* truth; reality; honesty
kàkà² [kàkà] *adj.* true; real; honest: **kàkà úwe** true story
kàm̀ [kǎm̀] *v.t.* give money to somebody who is going to market to buy something for one
kam¹ [kām] *v.t.* hang in the air from something projecting: **À kám̄ té** He hangs from something projecting.
kam² [kām] *v.t.* cut small branches of tree with leaves for easy burning
kam³ [kām] *v.t.* tie yam to sticks after harvesting and cleaning
kam⁴ [kām] *n.* debt
kám̄¹ [kám̄] *n.* language
kám̄² [kám̄] *n.* the handle of an object, e.g. bucket, peg, or hook for hanging something on
kànà [kǎnǎ] *v.t.* try; attempt
kàna [kǎnā] *n.* quarrel: **À kána kàna** He quarrels (with someone).
Kanà [kānǎ] *n.* Kana or Khana, a part of Ogoni; the Kana language
kána [kánā] *v.t.* quarrel with: **À kána ye** He quarrelled with him.

káná [kánā] *n.* water-pot
kànàmùè [kǎnǎmǔè] *n.* greeting; salutation
kànamue [kǎnāmūē] *v.t.* greet; salute
kanee [kānēē] *n.* senior; **kanee nwíìkà** elder brother or sister
kanwaà [kaŋʷǎǎ̀] *n.* mother-in-law; wife's mother
kàrà¹ [kàrà] *v.t.* disown
kàrà² [kàrà] *n.* fish-trap type
karà³ [karà] *n.* prayer; incantation (=**tǎàgǎló**)
kárá [kárá] *n.* edible frog
karáàlè [karáàlè] *n.* coral bead (<English)
kawa [kawa] *n.* old woman
ke̞¹ [kɛ] *v.t.* cut open (one end) (of coconut); cut (the top of immature yam tuber when the yam is still growing to help produce many seedlings)
ke̞² [kɛ] *v.t.* hatch
kē¹ [kē] *adv.* how; **ké a dè dòò** how it is
kē² [kē] *n.* place
kē³ [kē] *prep.* under
ké [ké] *n.* egg: **ké kòò** fowl's egg
keà [keà] *n.* killing
kéa [kéā] *adv.* this place; here
kéabá [kéābá] *n.* that place; there
kēákē [kēākē] *n.* this place (right here); here (before me/us)
kēáya [kēája] *adv.* around: **À dè kēáya** He is around (just

near here) (more specific than aya)
kèb [kèb] *adj.* short and thick
kèbá [kèbá] *n.* short arrow (contrast pégé)
Kēbàrà-Kìrà [kēbàrà-kìrà] *n.* Kebara-Kira, a village in Tẹẹ
kébkéb [kébkéb] *adj.* breaking easily (like thread)
kẹ́bkẹ́b [kɛ́bkɛ́b] *n.* minute (coinage)
kèè [kèè] *v.t.* butcher (animal); kill (for cannibalism): Kèè péé Butcher a goat; *v.n.* kekèè killing
kẹ́ẹ́¹ [kɛ́ɛ́] *n.* shame (also bọ̀bkẹ́ẹ́)
kẹ́ẹ́² [kɛ́ɛ́] *adj.* shameful: À lú kẹ́ẹ́ It is shameful.
kẹ́ẹ́³ [kɛ́ɛ́] *n.* thatch
kẹ́ẹ́¹ [kɛ́ɛ́] *v.i.* fast
kẹ́ẹ́² [kɛ́ɛ́] *n.* fasting
kẹ́ẹ́³ [kɛ́ɛ́] *n.* week
kẹ́ẹ́⁴ [kɛ́ɛ́] *n.* holiness
kẹ́ẹ́⁵ [kɛ́ɛ́] *adj.* holy
kěè¹ [kěě] *v.t.* visit regularly
kěè² [kěě] *n.* (piece of) cloth; wrapper
kēe [kēē] *n.* a climbing plant whose leaves are used for salad
kẹẹ̀gà¹ [kɛɛ̀gà] *v.i.* hang down: À tób kẹẹ̀gà It holds on to something and hangs from it (like bat).
kẹẹ̀gà² [kɛɛ̀gà] *adv.* hanging down
kẹẹgá [kɛɛgá] *v.i.* stroll: *v.n.* kẹẹga stroll

kěèkpò [kěěkpò] *n.* a somersaulting game; a masquerade that somersaults
kẹ́ẹ́nu [kɛ́ɛ́nū] *n.* fasting
kègà¹ [kègà] *v.t.* frequent; resort
kègà² [kègà] *n.* frequenting: À ére kèga lo kẽ He frequents that place (*lit.* He does frequenting of that place)
kẹgárá [kɛgárá] *v.i.* rove; wander
kégara [kégara] *n.* stroll
kègẹ [kègɛ] *v.i.* laugh
kègẹ́rẹ́ [kègɛ́rɛ́] (=kagẹ́rẹ́) *v.cs.* dry: À kégẹrẹ póro He dries fish.
kéna [kḗnā] *v.i.* shiver; tremble
kenî [kēnî] *n., adv.* that place; there
kèrà [kèrà] *v.refl.* hang on one's neck or on the shoulder (*e.g.* bag, sling)
kèrè [kèrè] *n.* drum
kère¹ [kère] *adj.* different
kère² [kère] *n.* difference
kérè¹ [kérè] *n.* one piece of a whole: kérè té stick; piece of wood
kérè² [kérè] *adj.* incomplete; not full (of liquid or number): kérè làlá máá basin of water which is not full
kére [kére] *adv.* truly; actually; certainly: Á kére doo lo nu He will truly do that thing.
kéré [kéré] *n.* ancient time; piyá kéré people of old

kèrè [kɛrɛ̀] n. deception; deceit; craftiness
kèrẹ¹ [kɛrɛ] v.t. deceive
kèrẹ² [kɛrɛ] v.t. hang up: **Kèrẹ nu yaàlo** Hang up the dress.
kèrẹ³ [kɛrɛ] v.t. watch the movement of a person or something to find an opportunity to act
kérè [kérɛ̀] n. beans
kérèkèè [kérɛ̀kɛ̀ɛ̀] n. piece of cloth
kétọ [kétɔ] n. sitting-room
kìbdáa [kìbdáa] v.t. toil
kìgéré [kìgéré] v.t. roll: v.n. kìkìgéré
kìgi [kìgi] n. gum (in mouth)
kìì [kìì] v.i. go away; depart; v.n. **kikìì** going
kii [kii] n. departure; escape
kíi [kíi] n. famine; scarcity
kììgà [kììgà] v.i. turn about; change; repent
kiigá [kiigá] v.i. roll; v.n. **kìkíigá** rolling (by itself)
kììgàkè̀ [kììgàkɛ̀] n. repentance
kíìri-kíìri [kíìri-kíìri] n. rooting about; moving around in search of things
kìm̀ [kìm̀] v.t. refuse; reject; object to; v.n. **kimkìm̀** refusing; rejecting; objecting
kìmà [kìmǎ] (=kùmà) n. boundary
kíná [kíná] adj. small (=ḿgbárà)
kìnyà [kìɲǎ] v.i. walk
kinyà [kìɲǎ] n. travel; journey

kìnyalọ̀ [kìɲālɔ̀] v.i. transgress
kinyàlọ̀ [kìɲàlɔ̀] n. transgression
kìyẹ [kìjɛ] n. left (hand, side); west (when facing the north) (coinage)
kò¹ [kò] v.t. parcel; wrap: v.n. **kokò** wrapping
kò² [kò] n. small black stinging ant
ko [ko] n. parcel; package
Kó [kó] n. a village in Ogoni (called **Òpùòkó** in Ịbanị)
kọ̀ [kɔ̀] v.t. tear from the bunch (of palm bunch): v.n. **kọkọ̀**
kọ [kɔ] v.t., v.i. say; speak; make speech; report; v.n. **kọkọ́**
kỏ [kɔ̃] v.t. pack things forcibly with nothing left: v.n. **kõkỏ**
kõ [kɔ̃] n. fodder; food for animals; (fig.) our food
kọb¹ [kɔb] v.t. scoop up scanty water with small container to fill a larger one: (fig.) find something little by little when it is scarce; (fig.) improve life little by little: **Ì ga kọ́b dùm̀** We are improving life gradually.
kọb² [kɔb] n. scabies
kọb³ [kɔb] n. bunch of fruit or keys (=**ágú**)
kọ̀bà¹ [kɔ̀bà] n. a lame person
kọ̀bà² [kɔ̀bà] adj. lame: **À lú kọ̀bà** He is lame.
kóbara [kóbara] n. thickness; (fig.) personality
kọ̀bẹ¹ [kɔ̀bɛ] v.cs. make lame

kòbẹ² [kɔ̀bɛ] *n.* hook
kóbéré [kɔ́bérɛ́] *v.cs.* curve; bend
kóbéré [kɔ́béré] *adj.* curved; bent: : À lú kóbéré It is curved.
kóbérébu¹ [kɔ́bérébu] *n.* concave object
kóbérébu² [kɔ́bérébu] *adj.* curved; bent; concave *(coinage)*
kóbérédùme [kɔ́bérédũmɛ̃] *adj.* convex *(coinage)*
kògòrò [kɔ̀gɔ̀rɔ̀] *n.* roof; *(fig.)* any type of cover
kòmà¹ [kɔ̃̀mɑ̃̀] *v.i.* hoot
kòmà² [kɔ̃̀mɑ̃̀] *n.* hooting
kòò [kòò] *v.t.* circumcize: *v.n.* kokòò circumcision
koò [koò] *n.* horn
koo [koo] *n.* timid animal (antelope group)
kóò [kóò] *n.* friend; friendship
kóo¹ [kóo] *n.* chest; thorax
kóo² [kóo] *n.* "Indian gong"
kòò [kɔ̀ɔ̀] *v.t.* smoothe; plane (planks)
kóọ [kɔ́ɔ] *n.* chewing-stick
kɔ̀ò [kɔ̃̀ɔ̃̀] *n.* fowl; chicken
kɔ́ò [kɔ́ɔ̃̀] *n.* spear
koọbá [kɔɔbá] *v.refl.* be curved, bent: Koọbá Bend yourself.
kóọba [kɔ́ɔba] *v.adj.* be curved, bent: À kóọba It is curved/He is bent.
kɔ̀òbèkéè [kɔ̃̀ɔ̃̀bèkéè] *n.* duck
kòògà¹ [kòògà] *v.refl.* develop; unfold; open; grow; *v.n.* kokòògà developing; unfolding; opening; growing
kòògà² [kòògà] *n.* development; unfolding; opening; growth
kɔ̀ògɑ̃̀ [kɔ̃̀ɔ̃̀gɑ̃̀] *v.i.* (of liquid) flow gradually from the higher or former position; (of persons) move gradually from the former position: *v.n.* kɔ̀kɔ̀ògɑ̃̀: I kɔ̀kɔ̀ògɑ̃̀ ágɑ yerebá î nè Our moving from the former position will not help us.
kòòkòòpéé [kòòkòòpéé] *n.* castrated goat
kòònà [kɔ̃̀ɔ̃̀nɑ̃̀] *v.i.* skim off surface oil from water
kòòrà [kòòrà] *v.t.* develop; unfold; open; grow; unwrap; kokòòrà *v.n.* developing; unfolding; opening; growth; unwrapping
kòòrà¹ [kɔ̀ɔ̀rà] *v.t.* make clean/neat a place that has been left unused; tidy a place
kòòrà² [kɔ̀ɔ̀rà] *v.t.* (of the action of hot oil) scald
kòòrà³ [kɔ̀ɔ̀rà] *v.t.* unload; pack out goods from a ship or vehicle: *v.n.* kokòòrà
kòòrà⁴ [kɔ̀ɔ̀rà] *v.t.* remove skin; kòòrà kpá flay; skin; *v.n.* kokòòrà flaying; skinning
kòòra [kòòra] *v.refl.* kòòra kpá change skin (as snake)
kòòro [kòòro] *n.* Western tree hyrax (*Dendrohyrax dorsalis* HYRACOIDAE), a black

climbing animal which cries harshly at night
**kóró** [kóró] *n.* a large hollow naturally scooped out by decay in a living tree where water collects
**kòrokḕ** [kòrokḕ] *n.* earth; soil; ground
**Kòròkòrò** [kòròkòrò] *n* a village in Tẹ̀ẹ̀
**kòwà¹** [kòwà] *v.i.* (of dry leaves) shrivel
**kòwà²** [kòwà] *v.t.* cover
**kòwà³** [kòwà] *n.* cover: À de kḕ kòwà He is under the cover.
**kòwàahyòòrì** [kòwàaçòòrì] *n.* calyx; the outer covering of a flower *(coinage)*
**kpà** [kpà] *v.t.* uncover forcibly
**kpa¹** [kpa] *v.t.* beat (drum); strike
**kpa²** [kpa] *n.* drumming
**kpá** [kpá] *n.* book; skin; leather
**kpǎ** [kpǎ] *v.i.* stand on tiptoe to reach something; *v.n.* **kpǎkpǎ** reaching on tiptoe
**kpá** [kpá] *n.* screaming; shout
**kpǎà** [kpǎǎ] *n.* yam beetle
**kpāa** [kpāā] *n.* stage
**kpǎàgǎ** [kpǎǎgǎ] *n.* going up; **kpǎàgǎ nyíe** high-mindedness
**kpaana** [kpāānā] *v.t.* open; declare open
**kpàbé** [kpàbé] *n.* weeding hoe
**kpá-doò-piyè** [kpá-doò-pijè] *n.* pharmocopoeia *(coinage)*

**kpágárá** [kpágárá] *adj.* old (like forest); difficult to crack (like kernel)
**kpágárá-kùwẹ̀** [kpágárá-kùwɛ̀] *n.* forest
**kpánam** [kpánām] *n.* animal skin
**kpánee** [kpánēē] *n.* human skin
**kpàrà¹** [kpàrà] *adj.* poor
**kpàrà²** [kpàrà] *n.* poverty
**Kpárá** [kpárá] *n.* a masquerade that walks on stilts
**kpátọ** [kpátɔ] *n.* shoe
**kpè** [kpè] *v.adj.* be sweet: À kpe It is sweet.
**kpé** [kpé] *n.* metal; metal goods; bicycle, etc.
**kpẹ̀** [kpɛ̀] *n.* track (of animal); trace
**kpẹ** [kpɛ] *v.t.* pay; *v.n.* **kpẹkpẹ́** paying: **nee-kpẹkpẹ́-kpìgì** paying cashier
**kpḕ** [kpḕ] *v.t.* plant crops close to each other
**kpẹ̀a** [kpɛ̀a] *v.t.* report; complain
**kpẹ̀a** [kpɛ̀a] *n.* report; complaint; testimony: **lé kpẹ̀a** good testimony: **Ì ga nè kpẹ̀a lé Bàrì** We are giving testimony to God's goodness.
**kpéa** [kpéá] *v.i.* be planted close to each other: **Ziá kpéa** The yams are closely planted.
**kpèe¹** [kpèe] *v.cs.* make sweet: **Bùì kpèe** Cook it sweet.

kpèe² [kpèe] *v.t.* turn; **kpèe śí** face; turn to a specific direction
kpèȩ̀¹ [kpèɛ̀] *v.t.* remove lightly; brush away; *(fig.)* brush off
kpȩ̀ȩ̀² [kpɛ̀ɛ̀] *n.* weaver-bird
kpȩɛ [kpɛɛ] *v.t.* sweep
kpéȩ́ [kpéɛ́] *n.* snail *(general)*; *(fig.)* food: **kpèra kpéȩ́** look for food
kpȇȇ¹ [kpȇȇ] *v.t.* tie very tight
kpȇȇ² [kpȇȇ] *prep.* near: **Yira yé kpȇȇ** Stand near him.
kpȇe³ [kpȇȇ] *n.* yellow long yam
kpȇe [kpȇȇ] *v.t.* close (door); *(fig.)* close (work)
kpȇȇgȃ [kpȇȇgȃ] *v.i.* droop; hang down (as bunch of plantain that weighs down the plant) *(cf.* **suùgà)**
kpègà¹ [kpègà] *v.t.* protect
kpègà² [kpègà] *n.* protection; defence; shield
kpéhínyá [kpéhíɲá] *n.* heater
kpènà [kpȇnȃ] *v.t.* take care of (as a child); **ńkpènà** the child so taken care of
kpèna [kpȇnã] *v.adj.* be closed: **Bū kpéna** The door is closed; **kpèna bū** closed door
kpènaló [kpȇnãló] *v.i.* be ready
kpenàlò [kpȇnȃló] *n.* readiness
kpène [kpȇnȇ] *v.t.* drive away; pursue
**Kpèté-Bunù** [kpèté-būnù] *n.* a village in Tȩ̀ȩ̀
kpìgì [kpìgì] *n.* money

kpígíri [kpígíri] *adj.* small size
kpíi [kpíí] *n.* mark made on an object or a person as a sign of identification
**Kpìité** [kpìité] *n.* Kpite, a village in Tȩ̀ȩ̀
**Kpìité-Zógógagáà** [kpìité-zógógagáà] *n.* a village in Tȩ̀ȩ̀
kpìm̀ [kpȋm̀] *id.* the sound of a heavy object falling
kpírí [kpírí] *n.* a bunch of dried oil bean shells used as rattle for music
kpìya [kpìja] *v.t.* deride
kpíya [kpíja] *n.* derision
kpò¹ [kpò] *n.* hill; mountain
kpò² [kpò] *n.* hump; protuberance on the back of camels and some persons as a deformity
kpo¹ [kpo] *v.t.* drive away; pursue
kpo² [kpo] *v.t.* take small quantity of food to swallow at a time
kpǫ̀ [kpɔ̀] *adj.* (of anything soft, like cloth) big in a heap
kpǫ [kpɔ] *v.t.* cut into small pieces
kpɔ̀ [kpɔ̀] *n.* yam seedlings
kpó [kpɔ́] *v.i.* (of salt) be enough to give sufficient taste to the soup
kpóa [kpóa] *v.i.* fall and break into pieces as yam; *(fig.)* fall out, become disunited (as

people); *v.n.* **kpǫkpǫ́á** falling
out; disorganizing
**kpǫb** [kpɔb] *v.ı.* be shaken;
become loose, not tight; (of
screw, nail, knot) be loose so
that it can easily fall out
**kpòbànà** [kpòbǎnǎ] *n.* rubbish
heap
**kpòga** [kpòga] *adv.* to one side;
not squarely
**kpǫga** [kpɔga] *v.i.* be loose, so
that it can easily fall off
**kpǫ̀gę** [kpɔ̀gɛ] *v.cs.* shake;
make loose so that one can
easily bring out (a pinned stick,
etc.)
**kpǫ̀gęrę** [kpɔ̀gɛrɛ] *v.t.* (of the
eye) gaze at something
**kpògòrò** [kpògòrò] *n.*
mongoose; "fox"
**kpoli** [kpoli] *n.* grave
**kpòme nyíe** [kpɔ̌mē ɲíē] *v.phr.*
take heart; comfort
**kpòmenyíe** [kpɔ̌mēɲíē] *n.*
comfort
**kpòm̄-kpòm̄** [kpɔ̌m̄-kpɔ̌m̄] *id.*
sound made when water
gurgles out of a narrow opening
**kpònà** [kpɔ̌nǎ] *n.* friction
**kponà** [kpɔ̌nǎ] *v.i.* do
something with difficulty or
friction: **Ó ga kpònà** Do it
quickly and smoothly.
**kpòògà** [kpòògà] *v.refl.* make
way; move aside for someone
**Kpòògǫ** [kpɔ̀ɔ̀gɔ] *n.* Kpoghor,
a village in **Tę̀ę̀**

**kpòòrà** [kpòòrà] *v.t.* put aside
for future use; suspend action
on
**kpopiyè** [kpopijè] *n.* image
**kpòrà** [kpòrà] *v.t.* keep
(someone) at a distance;
disconnect from or separate in
thought or in fact
**kpǫ̀ra** [kpɔ̀ra] *v.ı.* fall rolling to
a lower level (like a coin or any
cylindrical object)
**kpǫ̀rę** [kpɔ̀rɛ] *v.cs.* roll or push
like wheelbarrow
**Kpòro** [kpòro] *n.* a village in
Eleme
**kpóró** [kpóró] *n.* a bulging-out
scar left after wound has healed
**kpóró** [kpóró] *n.* the worst
stage of poverty; an extremely
poor person
**kpǫ̀rǫ̀** [kpɔ̀rɔ̀] *adj.* lazy and
dirty (*pred.*): **À lu kpǫ̀rǫ̀** S/he
is lazy and dirty.
**kpǫ́rǫ́** [kpɔ́rɔ́] *n.* sceptre; staff
borne as symbol of personal
sovereignty; (abs.) royal or
imperial authority (= **agèę̀** =
**túm̄-méné**)
**kpóróko**[1] [kpóróko] *n.* manilla
**kpóróko**[2] [kpóróko] *n.* jigger
**kporokúnwá** [kporokũŋʷá] *n.*
mortar
**kpùgúrú** [kpùgúrú] *adj.* round:
**kpùgúrú kwĩ̀ì** round basket
**kpùgúrúkpé** [kpùgúrúkpé] *n.*
ring
**kpúwę̀** [kpúwé] *n.* genet
(*Genetta* spp. VIVERRIDAE)

37

**krúùs** [krúùs] *see* **kurúùsù**
**kù¹** [kù] *v.t.* cut with knife: *v.n.* **kukù**
**kù²** [kù] *v.t.* dodge; escape danger
**kù³** [kù] *v.t.* throw out and make empty
**ku** [ku] *interrog.* how many?: **Ku nee?** How many persons? (*Note: In most cases,* **kukà** *is used.*)
**kúgúrú** [kúgúrú] *n.* rake
**kukà** [kukà] *interrog.* how many?: **Kukà nu?** How many things?
**kum¹** [kūm] *v.t.* pound food, pepper, etc.; strike: **kúḿ mùnù** strike with the fist; punch
**kum²** [kūm] *n.* bunch of palm fruit; pod of fluted pumpkin
**kúḿ** [kúḿ] *id.* click expressing anger and unhappiness
**kùmà** [kǔmǎ] *see* **kìmà**
**kumbè** [kūmbè] *n.* manilla, an old currency changed finally at 12 for one shilling
**kùme** [kǔmɛ̃] *v.t.* give a goat or fowl to a person as a sign of love; both share the offspring for some time before returning the original mother to the original giver
**kúmè** [kúmɛ̀] *n.* a mother animal whose offspring have been shared when it is returned to the owner
**kùm̀m̀** [kǔm̀m̀] *id.* the sound of a gun

**kùna** [kǔnã] *n.* cutlass (=**gɛ̀**)
**kunà** [kūnã̀] *v.adj.* be equal
**kùnu** [kǔnū] *v.i.* be folded or contracted; squat
**kúnwá** [kúŋʷá] *n.* mortar
**kúnwá-áwíí-nam** [kúŋʷá-áwíí-nām] *n.* manger (*coinage*)
**kùnwè** [kǔŋʷɛ̀] *v.t.* print; type
**kùrà** [kùrà] *v.p.* be named or called: **Daà kurà Légbárà** I am named Legbara.
**kùràkúrá** [kùràkúrá] *adj.* whatever; **kùràkúra nu** whatever (thing)
**kúrù** [kúrù] *n.* tortoise
**kúrú** [kúrú] *n.* plantain flower
**kurúùsù** [kurúùsù] (= **krúùs**) *n.* cannon
**kùù** [kùù] *v.i.* creep
**kuu** [kuu] *n.* creeping
**kúu** [kúu] *n.* cut; mark made or left by cutting
**kúúnékpé** [kúúnékpé] *n.* iron pot-stand
**kùwa¹** [kùwa] *n.* hawk; a carnivorous bird
**kùwa²** [kùwa] *n.* bonga-fish
**Kúwá** [kúwá] *n.* **Tɛ̀ɛ̀** name for the Okrika people
**kuwè** [kuwè] *n.* leopard
**kuwe¹** [kuwe] *v.t.* call; summon; name; call the name: **Bà kúwè me Légbárà** They call/name me Legbara.
**kuwe²** [kuwe] *v.i.* leak (as pot); (*fig.*) (as news or secret) be

revealed: **Lo ẹ̀mà kúwé** The exam leaked.
**kúwé** [kúwé] *n.* call; naming
**kùwẹ̀** [kùwɛ̀] *n.* bush
**kuwe¹** [kuwɛ] *v.t.* remove sand from harvested yams
**kuwe²** [kuwɛ] *n.* bamboo tree; raphia palm: **mii kuwẹ** raphia palm-wine
**kwa** [kʷa] *v.t.* do; make; manufacture
**kwáá** [kʷáá] *id.* harsh sound made by cutting glass
**kwaagáló** [kʷaagáló] *v.refl.* take care of oneself
**kwáló** [kʷáló] *v.t.* take care of, tend (a young plant)
**kwì̀ì¹** [kʷì̀ì] *v.t.* shave (hair)
**kwì̀ì²** [kʷì̀ì] *v.t.* plant (crops)
**kwii¹** [kʷii] *v.i.* commit adultery, fornication
**kwii²** [kʷii] *n.* razor
**kwì̂ì** [kʷî̀ì] *n.* basket
**kwì̂ì-akpà** [kʷî̀ì-akpà] *n.* basket with a cover
**kwọ̀** [kʷɔ̀] *v.t.* mix well; stir

# L

**la¹** [la] *v.t.* cause to itch: **À lá ye** It causes him to itch.
**la²** [la] *n.* palm fronds
**lá** [lá] *n.* the second son
**láa¹** [láa] *n.* strength: **Láa tá yé ló** He loses strength, hence (*fig.*) He is hungry.
**láa²** [láa] *n.* spider

**làb** [làb] *v.t.* scatter
**lab** [lab] *v.t.* collect; gather
**làgà¹** [làgà] *n.* wine-palm frond pinned on a piece of land as sign of ownership
**làgà²** [làgà] *adj.* not in good condition; needing repairs: **làgà tọ** a house in need of repair; (*fig.*) maimed: **À lú làgà tọ** He is maimed.
**làgàrà** [làgàrà] *n.* instability; confusion; disunity; disorganization
**làgìri** [làgìri] *v.t.* scatter; bring confusion to; disorganize: **Làgìri wa** Disorganize them.
**láka** [láká] *n.* the second brother
**làlà** [làlà] *n.* enamel basin; roofing-sheets (of any material)
**làlà-mîîkpé** [làlà-mîîkpé] *n.* bronze
**lè** [lè] *n.* right (hand, side); east (*coinage*)
**lé** [lé] *adj.* good: **À lú lé** It is good: **lé nu** good thing
**lẹ** [lɛ] *v.t.* arrange; put in order
**lẹ́** [lɛ́] *adj. pred.* interesting; joyful; (*fig.*) sweet; : **À lu lẹ́** It is interesting; It is sweet.
**lèa** [lèa] *v.t. as in*: **lèa ló** take off (as clothes); **lèa bá** hand over; deliver; surrender: **Lèa bá yé ne** Surrender it to him; (*fig.*) **Lèa pọ́rọ́ dògo bá** Put away bad actions.
**lèabáne** [lèabánè] *n.* surrender; handing over;

delivery; *(fig.)* handing down; tradition: **À lu lẹ̀àbánè** It is tradition.
**lèa byẹ́ẹ́bu** [lèa bjέέbu] *v.phr.* defecate *(lit.* put away dirt) **lèatḗkē** [lèatḗkē̄] *v.i.* defecate:**À bee lẹ̀atḗkē̄** He defecated.
**lẹ́b¹** [lέb] *n.* arm (from shoulder to wrist) (=**ákpóbá**); foreleg (of animal)
**lẹ́b²** [lέb] *n.* fat (of animal)
**Lédọ̀** [Lédɔ̀] *n.* Ledor, a village in Tèè
**lee** [lee] *adj.* bitter: **À lú lee** It is bitter.
**lée** [lée] *v.adj.* become good: **À lée** It is good; **À ga lee** It is becoming good.
**lèè¹** [lèè] *v.t.* remove; take away: **Sú kpìgì lèè** Take away the money (to another place); **lèè akpà** remove the cover; bring out (e.g. periwinkle); **lèè bá ló** remove ; *(fig.)* ostracize; banish; destroy (dangerous persons); *v.n.* **lẹlèè** removal; ostracism; banishment (of dangerous persons)
**lèè²** [lèè] *conj.* before: **Ḿ beè sí tám lèè a ga lú** I finished the work before he came. (=**sa**)
**lẹ́ẹ́** [lέέ] *v.adj.* be flexible (of things): **Lo áźí lẹ́ẹ́** The rope is flexible: *v.n.* **lẹlẹ́ẹ́** being flexible
**lẹ́ẹ́** [lέέ] *n.* a tree *(Sacoglottis gabonensis* (Baill.) Urb.

HUMIRACEAE); its bark, which tappers add to palm-wine to make it stronger; *(general)* alcohol
**lẹ́ẹ́ga** [lέέga] *v.adj.* be flexible, adaptable (of people): **Lẹẹgá!** Be flexible!: **lẹ̀lẹ́ẹ́gá** *v.n.* flexibility
**lẹ́ẹ́gá** [lέέgá] *n.* flexibility
**lẹ́ẹ́lẹẹ** [lέέlεε] *adj.* flexible (of things): **lẹ́ẹ́lẹẹ áźí** flexible rope
**lèèrà¹** [lèèrà] *v.t.* praise; glorify
**lèèrà²** [lèèrà] *n.* praises; glory
**lèèrà¹** [lèèrà] *v.t.* order; command; send; commission
**lèèrà²** [lèèrà] *n.* order; command; sending; mission; commission
**lẹ́ẹ́rálo** [lέέráló] *n.* weakness; tiredness
**lège** [lège] *v.i.* melt; run (as oil); *(fig.)* run fast to reach somewhere: **À lége si** He rushed there.
**lègère** [lègère] *adj.* not damaged (of fruit, etc.): **lègère beè zóo** undamaged palmfruit
**légéré** [lègéré] *v.t.* melt
**Lèkùmà** [lékùmà̃] *n.* Lekima-Tai, a village in Tèè *(lit.* 'good boundary')
**lèrà¹** [lèrà] *v.adj.* be stiff and straight; be drawn taut
**lèrà²** [lèrà] *adj.* under-cooked: **lèrà źíá** under-cooked yam

lerà [lerà] *v adj.* be under-cooked: **Zíá lerà** The yam is under-cooked.
lẹ̀rà¹ [lèrà] *v.t.* contribute
lẹ̀rà² [lèrà] *n.* contribution
lère [lère] *v.t.* straighten; make taut (as rope): **Lère bee si/Lère bee kĩ̀** Go straight ahead.
léyèb [léjèb] *n.* joy (=ẹ́ẹ́nyíe)
lĩ̀ [lĩ̀] *v.t.* bury; **lilĩ̀** *v.n.* burial
li [li] *n.* root
lĩà¹ [lĩà] *v.p.* be buried: **À bee lĩà** He was buried; *v.n.* **lilĩà** being buried
lĩà² [lĩà] *n.* burial: **À beè ẹrẹ le lĩà** He had a good burial.
lia [lia] *n.* pregnancy
lìe¹ [lìe] *v.p* be weaned: **À líe** He is weaned.
lìe² [lìe] *v.t* wean: **Ye kà líe ye nwĩ́ĩ** The mother weans her child.
lĩ̀gà [lĩ̀gà] *v.i.* concentrate; **lilĩ̀gà** *v.n.* concentration; concentrating
lò [lò] *v.t.* weave; **lò zía** plait hair; *v.n.* **lolò** weaving
lo¹ [lo] *v.t.* speak; tell; state; declare
lo² [lo] *dem.* that; the: **lo wáa** this woman; **lo wa áya** that woman (nearer, can be seen), **lo wa nĩ́** that woman (farther, can be seen); **lo wa á** that woman (who cannot be seen)
lo³ [lo] *adv.* if so: **Lu lo** If so, come.
ló¹ [ló] *n.* common salt

ló² [ló] *n.* self; -self (*used to form reflexive pronouns*): **À doo ye ló** He does it to himself.
ló³ [ló] *rel.part.* who; whom: **Ẹrẹ̀ ló a bè siá** He is the person who went: **Ẹrẹ̀ ló m bè nèa** He is the person I gave (it to).
ló⁴ [ló] *prep.* to: **Tãà ye bá turé ló déé** Push him to the wall.
lọ̀ [lɔ̀] *adv.* amiss; (*fig.*) off the point **À beè tá lọ̀** He shot amiss, He went off the point.
lob [lob] *v.t.* wash (thing)
lòbárá [lòbárá] *v.t.* wake someone up; (*fig.*) make someone active
lògà [lògà] *v.t.* choose; claim: **Lògà ńlóò** Choose your own.
lóga [lóga] *v.i.* fade (of colour); wash out: **À lóga** It fades.
lògàrà [lògàrà] *v.t.* break, violate (law)
lolóóbé [lolóóbé] *n.* lullaby
lómúnu [lɔ́mũ̀nũ] *interr.* which?
loò [loò] *n.* hut
lóo [lóo] *n* "antelope"; sitatunga and/or bushbuck; (*Tragelaphus* spp. TRAGELAPHINAE)
lóó¹ [lóó] *n.* story
lóó² [lóó] *n* body: **lóó ye** his body
lóó³ [lóó] *prep.* against: **Nee ga bẹra lóó té** A man is leaning against the tree.

41

lóọ́ [lóọ́] n. a particular part of
the flesh (of fowl or other
birds)
loobá [loobá] v.i. wake from
sleep
loobé [loobé] v.cs. lull (a child)
to sleep: v.n. lolóóbé lulling
lu [lu] v.i. come v.n. lulú
coming
lúé [lúé] n. Giant Rat; "rabbit"
(*Cricetomys gambianus*
CRICETIDAE)
lui [lui] adj. tough: À lú lui It
is tough: lui nam tough meat
lùrà¹ [lùrà] v.adj. be tangled
lùrà² [lùrà] n. tangle
lùrà³ [lùrà] adj. very hard; not
easy to break or cleave (as
wood); interwoven
lùrà⁴ [lùrà] n. starch

# M

m [m] pron. (tone varies) I:
Ḿ ga si I am going; Ḿ ga sí I
won't go: Nú m ga si I am not
going.
ḿ- [ḿ-] prefix (diminutive
prefix preceding b, gb, kp, m,
p): ḿpyám small drinking cup,
tumbler; used chiefly as a pet
form of names: bàrà farm,
Ḿbàrà (name given to someone
born in the farm), Ḿbàrà (*pet
form*); similarly Ḿgbárà,
Ḿkpẹẹ̀, Ḿpúẹ̀nyíe

mà¹ [mà̰] v.i. lie down; ma kē
lie down (on the ground)
mà² [mà̰] n. vagina
má¹ [má̰] n. breast, mammary
gland; breast-milk
má² [má̰] n. tendril: má źíá
yam tendril(s)
maá [mã̄ã́] n. child's name for
mother; mummy
máá [má̰á̰] n. water
máá-bu-míi [má̰á̰-bu-mḭ́ĩ] n.
lymph; colourless fluid
containing white blood cells
(*coinage*)
máálo [má̰á̰ló] n. soup
máámáá [má̰á̰má̰á̰] adj.
watery
máásíá [má̰á̰síá̰] n. saliva
máátée [má̰á̰tée] n. running
water; river, stream (*opp*. dẹ
'pool')
màgãló [màgãló] v.i. run into,
collide with; mágãló v.n.
collision, coming together
violently
mámĺó [mámĺó] v.t. strike;
mámĺó v.n. colliding with,
running into
màni [mã̀nĩ] n. urine
Mà-Úwé [mà̰-ʔúwé] n. a
village in Tẹ̀ẹ̀
ḿbóóloo [ḿbóóloo] pron.
yours (plural)
mè [mḛ̀] conj. but
me [mḛ̄] pron. (¹ pers. obj.)
me: Nè me lo kpá Give me the
book.
mèà¹ [mḛ̀à̰] v.p. be born

mèà² [mȅǎ] *n.* nature (of something); appearance; figure; image

mèàkpéẹ́ [mȅǎkpéẹ́] *n.* cochlea; spiral cavity in inner ear *(coinage)*

mèè [mȅȅ] *v.t.* give birth, be delivered of (a child); *v n* memèè nwíí giving birth (to a child)

mee [mēē] *n.* neck

mée¹ [mḗḗ] *n.* seedling

mée² [mḗḗ] *interr.* who?

mèeeè [mȅēēȅ] *interj.* the cry of goat or sheep; bleating

mèène dée [mȅȅnē déē] *v phr.* aim at

mèènèdée [mȅȅnȅdḗḗ] *n.* aiming at; thing(s) aimed at; target; objective; goal

mékȅ [mḗkȅ] *interr.* where? at what place?

mém̀ [mḗm̀] *n.* zeal

mènà [mȅnǎ] *v.t* reproduce: Nee wée mènà Human beings reproduce.

mènamèna [mȅnāmȅnā] *n* generation: wa mènamèna their generations

méné¹ [mḗnḗ] *n.* placenta

méné² [mḗnḗ] *n.* king or queen; ruler; rich person

mésó [mḗsɔ́] *interr.* when? at what time?

ḿgbárà [ḿgbárà] *adj* small (=kínà)

ḿgbárà nwííkà [ḿgbárà ŋʷííkà] *n.phr.* younger brother or sister

míi [míí] *n* blood

míí [míí] *n.* wine; drink

míìkpé [míìkpé] *n.* copper; brass

míí kuwẹ [míí kuwɛ] *n.* palm-wine from the wine-palm *(Raphia hookeri* PALMAE)

míimíi [míímíí] *adj.* red (=dodo)

míimòò [míímɔ̀ɔ̀] *n* sugarcane

míimò-zím [míímɔ̀-zím] *n.* bamboo palm (=ńkárágbà) *(Raphia vinifera* P.Beauv. PALMAE)

mììnà¹ [mǐǐnǎ] *v.t.* blow nose

mììnà² [mǐǐnǎ] *v.t.* bring out a pinned peg from the ground

mììnà² [mǐǐnǎ] *v.t.* miscarry (of animal): Péé mììna nwíí The goat miscarried.

míizoo [míízoo] *n.* palm-wine from the oil-palm *(Elaeis guineensis* PALMAE)

mìnyà [mǐɲǎ] *n.* bribery and corruption; telling lies

ḿkpènà [ḿkpȅnǎ] *n.* the specially favoured last child

ḿma¹ [ḿmā] *v.adj.* be full: Làlà ḿma The basin is full.

ḿma² [ḿmā] *v.p.* be filled: Làlà ḿma The basin is filled

m̀me¹ [m̀mē] *v.cs.* cause to be or make full: Ḿme gàri làlà Fill the basin with gari.

m̀me² [m̀mē] *v.cs.* lead to, cause to reach; reach a place with (somebody):

Mme yé lo kɛ̀ Lead him there, to that place.
mmɛ̀ [mmɛ̃̀] *adj.* full:
mmɛ̀ làlà full basin:
Làlà lú m̀me The basin is full.
Mògho [mògò] *n.* Mogho, name of a village in Gokana
mom [mɔ̃m] *n.* laughter
mònà¹ [mɔ̃̀nà̰] *n.* suffering (=mùènà)
mònà² [mɔ̃̀nà̰] *n.* consultation
monà (=muenà) [mɔ̃nà̰ (=mūēnà̰)] *v.i.* suffer
mpyám̀ [mpjám̀] *n.* tumbler
m̀sálógólógó [m̀sálɔ́gɔ́lɔ́gɔ́] *n.* small dark green lizard or skink
m̀tígi [m̀tígi] *n.* pestle
mùè [mũ̀ɛ̃̀] *v.t.* see
mue [mūɛ̃] *n.* voice (*Note:* uwè 'word' and mue 'voice' should not be used together as mué-uwè.)
mùènà [mũ̀ɛ̃̀nà̰] *adj.* passive:
Núm beè agara nú a beè me dòò; m beè mùènà I did not respond to what he did to me; I remained passive.
muenà¹ [mūēnà̰] *v.i.* suffer (=monà)
muenà², monà [mūēnà̰, mɔ̃nà̰] *v.t.* consult: Bà beè sí mùènà They consulted each other.
mùm̀ [mũ̀m̀] *n.* dangerous larva found in uncemented floors, notorious for sucking human blood

mum [mūm] *n.* productivity (of fruit trees); sõ mum season of production
múḿ¹ [múḿ] *v.t.* produce: À múḿ bee It produces fruit.
múḿ² [múḿ] *n.* sandfly; a biting insect, very small to the naked eye, that sucks blood early in the morning and in the evening in the forest area
múngò [múŋgò] *n.* mug
mùnù [mũ̀nũ̀] *n.* clenched fist (=gbùgù)

# N

ń- [ń-] *pref.* diminutive prefix preceding *d g k l n r s t z*:
Ńdògò (pet form of Dògò)
nà (=ńdáa) [nà̰] *pron.* (*poss.*) *adj.* '*st pers. sing.*) nà zó.
ńdáa zó my property, wealth, goods, etc.
naà [nà̰à̰] *n.* termite
naà [nāà̰] *n.* branch
náa [náá̰] *n.* gun
naanà [nāānà̰] *n.* sheep
náànoo [náán̄ɔ̃] *n.* lightning and thunder
nágé [nágé] *adv.* again; another time
nam [nām] *n.* animal, meat
nám [nám] *n.* cow
nám¹ [nám] *n.* cleared farmland
nám² [nám] *n.* casting of lots
námà [námà̰] *n.* zebu cow
náma [námā] *v.t.* be older than

námá [námá] *adj.* old: **námá nee** old man: **À lú námá** He is old.
**námákà** [námákà] *n.* female ancestor
**námátè̩** [námátè̩] *n.* male ancestor
**nàmàkíri̩** [nàmàkíri̩] *n.* lion
**ńdáa** [ńdáa] *pron. (poss. adj.* ¹*st pers. sing.)* my: **ńdáa zó̩** my property, etc. (=**nà**)
**ńdáà** [ńdáà] *pron. (poss. pron. indep.* ¹*st pers. sing.)* mine
**ńdè̩** [ńdè̩] *n.* type of cocoyam with heart-shaped leaves, in which small corms develop off the main one
**nè** [nè] *v.t.* give; **nenè mue** making announcement
**nee** [nēē] *n.* human being; person
**néé**¹ [nḗḗ] *v.t.* lack
**néé**² [nḗḗ] *n.* want; scarcity; lack
**néé**³ [nḗḗ] *n.* deafness
**nééba** [nḗḗba] *n.* poverty
**neébee** [nēḗbee] *n.* chief
**nééb̩eè̩** [nḗḗb̩eè̩] *n.* anarchy; state of being without a ruler *(coinage)*
**neèdám** [nēèdám] *n.* male (of human beings); man
**neè-gwagwá-piyè** [nēè-gwagwá-pijè] *n.* pharmacist *(coinage)*
**néémii** [nḗḗmii] *n.* lack of blood; anemia *(coinage)*

**néénu** [nḗḗnū] *n.* want; scarcity; lack
**neètáa** [nēètáā] *n.* wizard
**neéwa** [nēḗwa] *n.* woman; female (of human beings)
**neéyib** [nēḗjib] *n.* thief
**neèyíi** [nēèjíi] *n.* lawyer
**neèzáśi̩** [nēèzáśi̩] *n.* leader
**nègá̩** [nègá̩] *v.t.* move like a very big snake; **nenègá̩** *v.n.*
**nem** [nēm] *n.* chalk
**némném** [némném] *n.* powder
**némném** [némném] *adj.* impalpable; that cannot be touched or felt
**nenè** [nēnè] *n.* gift
**ni** [nĩ] *n.* elephant
**nìgénélo** [nìgénélo] *v.t.* identify
**nìgènèló** [nìgènèló] *n.* identification
**nìi** [nĩi] *v.t.* rule a line: **Nìi ánĩi** Rule a line.
**nìi** [nĩi] *part. (conditional emphasis):* **Deè nóobeè lu nìi, nu gá beè dòògà** If you had not come at all, something would have happened.
**nìi ga** [nĩiga] *(negative,* ¹*st pers. pl.)* We are not going to; **Nìi ga si** We aren't going to go.
**nìii** [nĩii] *(interrogative emph.)* **À beè lu nìii?** Did he come at all?
**nìmdeè** [nìmdeè] *v.i.* go secretly or stealthily:

45

Nímdeè yì Go secretly and enter.
ńkárágbà [ńkárágbà] n. bamboo palm (*Raphıa vinifera* P.Beauv. PALMAE) (=míímò-zím)
ńkì [ńkì] n. tattoo; indelible ındıgo patterns made on the skin
ńlábà [ńlábà] pron. (poss. pron. ındep. 3rd pers. pl.) theirs
ńlába [ńlába] pron. (poss. adj. 3rd pers. pl.) ; their: À lú ńlába nu It is their own thing.
ńlę́ę̀ [ńlέὲ] pron. (poss. pron. ındep. 3rd pers. sıng.) his; hers
ńlę́ę [ńlέε] pron. (poss. adj. 3rd pers. sıng.) hıs; her: ńlę́ę nu his/her thing
ńlíì [ńlíì] pron. (poss. pron. indep. ¹st pers. pl.) ours
ńlíi [ńlíi] pron. (poss. adj. ¹st pers. pl.) our
ńlóò [ńlóò] pron.. (poss. pron. ındep. 2nd pers. sg.) yours
ńlóo [ńlóo] pron. (poss. adj. 2nd pers. sing.) your: ńlóo nu your thing
ńlǫ́ǫ́lǫ̀ǫ́ [ńlɔ́ɔ́lɔ̀ɔ́] n. "hare"; ?ground squirrel
ńlóo nu Nookpò [ńlóo nū nɔ̄ɔ̄kpò] n. Nokpo, a vıllage ın Tę̀ę̀
no [nɔ̄] v.t., v.ı. study
nonóbùrà [nɔ̄nɔ́bùrà] n. psychology (coınage)
nonódùm̀ [nɔ̄nɔ́dùm̀] n bıology (coinage)

nonó-nyògȃ-kòrokȇ [nɔ̄nɔ́-ɲɔ̄gȃ-kòrokȇ] n. seismology, the study of earthquakes (coınage)
nonópiyè [nɔ̄nɔ́pijè] n. medical science (coinage)
nòò¹ [nɔ̄ɔ̀] v.t. lay as blocks
nòò² [nɔ̄ɔ̀] v.t. plan; v.n. nonòò planning; programmıng
noo [nɔ̄ɔ̄] prep. on; up: Kpá de noo gàdá There is a book on the table.
nóo [nɔ́ɔ̄] n. oil; nóò dem crude oil; nóò hwáà petrol; nóò ńzì engine oil (=nóò kpé)
noogḗ [nɔ̄ɔ̄gέ] v.ı. speak slowly; be slow
nóòkpé [nɔ́ɔ̀kpé] n. gold
nòònù [nɔ̀ɔ̀nù] n. programme
Nóónwá [nɔ́ɔ́ŋʷá] n. Nonwa, a village in Tę̀ę̀
nu [nū] n. thing; something
nùa [nǔā] n. cause
núa [nǔá] n. second daughter
núa [nǔá] v/t. cause
nudé [nūdé] n. food; foodstuff
nudé-ákpó [nūdé-ákpó] n. carbohydrate (coinage)
nudé-yuwę [nūdé-juwε] n. protein (coınage)
nùkùm̀-nùkùm̀ [nǔkǔm̀-nǔkǔm̀] id. descrıbes creepıng of maggot or caterpillar
nùm̀ [nǔm̀] v.i. groan
nùmà [nǔmǎ] v.i. be early; start early
nùmàlǫ̀ǫle [nǔmǎlɔ̀ɔle] n. dawn

nùmànà [nŭmǎnǎ̀] v.t. move, change position of (heavy object)
nùm kē̄ [nŭm kē̄] v.phr. go under
nùnà¹ [nŭnǎ̀] v.i. hum; v.n. nunùnà humming
nùnà² [nŭnǎ̀] n. humming
nútǫ [nŭ́tɔ] n. doorway
-nwaà [-ŋʷǎǎ̀] (suffix) (feminine suffix for names): Ziánwaà female named after the god of yam; Dúnwaà female born in a market
nwaà¹ [ŋʷǎǎ̀] n. woman
nwaà² [ŋʷǎǎ̀] (when followed by another word the low tone is removed) n. a young female animal: nwaa-péé a young female goat which has not given birth
nwààgǎ [ŋʷǎ̀ǎ̀gǎ] v.i. hover, be unsteady physically and morally; be impatient
nwámbáná [ŋʷámbáná] n. cat
nwàrǎ [ŋʷǎ̀rǎ] v.i. warm a painful part of the body by covering it together with a pot of boiled medicine to get the benefit of the steam: À beè nwàrǎ piyè He warmed himself on the medicine.
nwáráló [ŋʷáráló] n. health, healthiness, agility
nwé [ŋʷé̄] n. the edible part of cocoyam taken from the corm

nwèè [ŋʷèè] v.t. dry or smoke over fire or in sun (fish, foodstuff, to preserve it)
nwee [ŋʷēē] v.i. recover from ill-health
nwééló [ŋʷéé́ló] v.i. be agile, smart and active
nwíí [ŋʷíí] n. child; offspring of any animal
nwííkà [ŋʷííkà] n. brother or sister of the same mother
nwííkà-neèdám [ŋʷííkà-nèèdám] n. brother
nwííkà-neéwa [ŋʷííkà-néé́wa n. sister; sister-in-law
nwíí-neèdám [ŋʷíí-nèèdám] n. son
nwíi-neéwa [ŋʷíí-néé́wa] n. daughter
nwíinwaà [ŋʷííŋʷǎǎ̀] n. son-in-law; daughter's husband
nwíítę̀ [ŋʷíítè] n. brother of the same father
nwíítǫ [ŋʷíítɔ] n. houseboy or housegirl
nwíítòb [ŋʷíítòb] n. the best of the shooter's/hunter's arrows; (fig.) essential possession
nwinam [ŋʷínām] n. bird (general)
nwo [ŋʷɔ] v.i. hover about
nwomnwom [ŋʷɔmŋʷɔm] adj. greedy: À lú nwomnwom He is greedy.
nyàà [ɲǎǎ̀] v.i. grow wild (from excessive fertility of the soil); (of human being) grow wild as

result of non-training and overfeeding
**nyáá** [ɲáá] *n.* nit produced by lice
**nyààgã** [ɲààgã] *n.* being changed, changing
**nyaagá** [ɲaagá] *v.t.* be changed
**nyaaná** [ɲaaná] *v.t.* change; *v.n.* **nyayááná**
**nyámá** [ɲámá] *n.* spirit of ancestors
**nyànyà** [ɲàɲà] *n.* beast of burden; horse; ass; donkey; camel
**nyè** [ɲɛ̀] *v.i.* stop growth; cease movement or progress
**nyee** [ɲɛ̄ɛ̄] *v.i.* be leavened, rise (of bread); swell (*e.g.* as result of kwashiokor)
**nyèèga nòo** [ɲɛ̀ɛ̀ga nɔ̀ɔ̀] *v.phr.* remember: **Nyèègá ye nòo** Remember him.
**nyeegẽ** [ɲɛ̄ɛ̄gɛ̃] *n.* mild form of madness
**nyèègẽ nyíe** [ɲɛ̀ɛ̀gɛ̃ ɲíɛ̃] *v.phr.* remind: **Nyèègẽ mé nyíe** Remind me (of it).
**nyìà** [ɲìã̀] *num.* four
**nyìa** [ɲìã] *n.* liking; desire; pleasure
**nyía** [ɲíã] *v.t.* please: **À nyía me** It pleases me/I like it.
**nyìàgá** [ɲìã̀gá] *n.* quadrangle *(coinage)*
**nyìàkpèè** [ɲìã̀kpɛ̀ɛ̀] *n.* rectangle *(coinage)*
**nyìàkùnàkpèè** [ɲìã̀kùnã̀kpɛ̀ɛ̀] *n.* square *(coinage)*

**nyìà-tub** [ɲìã̀-tub] *num.* eighty
**nyìà-tub-nè-hlòb** [ɲìã̀-tub-nɛ̀-hlòb] *num.* ninety
**nyíe** [ɲíɛ̃] *n.* heart, mind (*both physical and psychological*)
**nyó** [ɲɔ́] *n.* worm
**nyó-áźíi-bu-míi** [ɲɔ́-áźíi-bu-mĩ́i] *n.* filaria worm; any threadlike nematode worm of the family FILARIIDAE, introduced into blood by biting insects *(coinage)*
**nyògá¹** [ɲɔ̀gá] *v.i.* shake or be shaken; tremble (=**yèègà**)
**nyògá²** [ɲɔ̀gá] *n.* shaking, trembling (*also* **nyògányògá**)
**nyògákorokè** [ɲɔ̀gákorokɛ̀] *n.* earthquake *(coinage)*
**nyògẽ** [ɲɔ̀gɛ̃] *v.t.* shake, jingle (of bell); *v.n.* **nyonyògẽ** shaking, jingling
**nyòo** [ɲɔ̀ɔ́] *v.adj.* be tall (vertical); be long (horizontal)
**nyòòne¹** [ɲɔ̀ɔ̀nɛ̃] *v.t.* follow; *v.n.* **nyonyòòne** following; **neè-nyòòne** follower, disciple (*opp.* **neè-zàsi, neè-tùre** leader)
**nyòòne²** [ɲɔ̀ɔ̀nɛ̃] *n.* "followership" (*opp.* **zàsi, tùre** leadership)
**nyooné** [ɲɔɔnɛ́] *v.cs.* uplift; heighten; increase height or length; prolong (condition); *v.n.* **nyonyóóné**, heightening; etc. (cf. **yìra** height; length, distance)

**nyóónyoo** [ɲɔ́ɔ́ɲɔ̀ɔ̀)] *adj.* tall; long

# O

**ǫ** [ʔɔ] *v.t.* carve (wood)
**ő** [ʔɔ̃] *v.t.* drink (water, medicine, wine, etc.)
**òb** [ʔòb] *v.t.* bail water
**ǫ̀b** [ʔɔ̀b] *v.i.* stop, cease
**ǫb¹** [ʔɔb] *v.t.* burn; roast: **Ǫ́b úwé** Burn the farm.
**ǫb²** [ʔɔb] *v.t.* drive (vehicle)
**ǫ̀ba** [ʔɔ̀ba] *v.i.* be burnt
**òbàrà** [ʔòbàrà] *v.t.* return, take back, give back; stop progress of
**ǫ̀bę** [ʔɔ̀bɛ] *v.cs.* stop; cause to stop
**ǫ̀bę̀-ǫ̀bę̀** [ʔɔ̀bɛ̀-ɔ̀bɛ̀] *adj.* neither hot nor cold; lukewarm
**òbéré** [ʔòbéré] *n.* raffia cloth tied as clothing and also used as sail
**ǫ̀gà** [ʔɔ̀gà] *v.i.* show remorse; regret; feel sorry
**ð̀ganà** [ʔɔ̃̀gã̀nã̀] *v.t.* remove liquid or soft substance with soft material like cotton-wool
**ǫgárá** [ʔɔgárá] *v.t.* rub in/on (pomade, etc.): **Ǫgárá nóo** Rub in oil/pomade.
**ǫ̀gę́rę́** [ʔɔ̀gɛ́rɛ́] *v.t.* rub oil (on somebody)
**òkǫ̀rǫ̀** [ʔòkɔ̀rɔ̀] *n.* okro, okra

**Ólókó** [ʔólókó] *n.* name of two villages in Tęę̀, distinguished as Oloko 1 and Oloko 2
**òm̀¹** [ʔɔ̃̀m̀] *v.t.* remove undesirable substances or conditions
**òm̀²** [ʔɔ̃̀m̀] *v.t.* take quantity of soup, more than required
**òm̀³** [ʔɔ̃̀m̀] *n.* fish with scales and spines along the back, found in fresh water, probably *Tilapia galilea* CICHLIDAE
**óḿ** [ʔɔ́ḿ] *n.* the handle of weeding hoe, usually **óḿ kpàbé**
**ònèè̀** [ʔɔ̀nɛ̀ɛ̀] *v.i.* fade
**óni-óni** [ʔɔ́nĩ́-ɔ́nĩ́] *adv.* dodging: **À kinya óni-óni** He dodges about as he moves.
**òò¹** [ʔòò] *n.* throat
**òò²** [ʔòò] *num.* five
**òo** [ʔòo] *v.t.* sell
**óò** [ʔóò] *interj.* exclamation expressing sorrow
**òòbà** [ʔòòbà] *v.i.* return, go back, desist, stop progress: **òòbà kɛ̃** return, go back
**òògà** [ʔòògà] *v.i.* be easily stripped off (of bark): **Ákpáté òògà** The bark of the tree is easily stripped off.
**òògá** [ʔòògá] *n.* pentagon, a plane figure with five sides and five angles *(coinage)*
**oogá** [ʔoogá] *v.i.* be sold at a good price (for the seller): **Garí óoga anii** Gari sells well today.

ǫǫgę [ʔɔɔgɛ] v.t. air
oomè [ʔɔ̃ɔ̃mɛ̃] n. brownish-yellow, very long snake (possibly Blanding's Tree Snake)
òòmeló [ʔɔ̀ɔ̀mēló] adv. neatly, smoothly, without problems:
À beè kìnya òòmeló kìì He/she moved smoothly and went away.
òòrà [ʔòòrà] v.t. strip off the bark easily
òò-tub [ʔòòtub] num. hundred; fivescore
orà [ʔorà] v.i. be easily eroded (as soft material); be easily scraped off
ǫ́ra [ʔɔ́ra] v.i. be smooth and slippery
ǫ̀rę [ʔɔ̀rɛ] v.t. make smooth and slippery
ǫ̀rǫ [ʔɔ̀rɔ] n. mudfish; snakehead (*Channa obscura* CHANNIDAE)
òwè [ʔòwè] v.t. wear out:
Só i té gě noo dem, à owe (d em) When we sharpen a cutlass on a stone, it wears it (the stone) out.
ǫ̀wędée! [ʔɔ̀wɛ dɛ́ɛ́!] interj. look out! take care!

# P

pà [pà] n. effect of force on a person or object; impact
pa [pa] n. "alligator"; Dwarf Crocodile (*Osteolaemus tetraspis* CROCODYLIDAE)

páà¹ [páà] n. white cotton cloth; anything white
páà² [páà] interj. not at all! (an expression of denial of an accusation with shrugging of the shoulders)
páǎ [páǎ] n. hurdle
pàb [pàb] v.t. inveigle (a person) out of, or into, doing something: v.n. papàb inveigling
pàgàrà [pàgàrà] adj. flat
pám̀ [pám̀] n. pound, twenty shillings (<English)
pàpá [pàpá] n. child's name for father (<English)
pàrà [pàrà] n. expertise
parà [parà] v.t. be expert in:
À parà He is expert.
pàrapa [pàrapa] adj. flat
pè¹ [pè] v.i. be missing; be lost
pè² [pè] n. loss
pę [pɛ] v.t. select only the useful objects from the useless ones with effort
pę́b [pɛ́b] id. suddenly (of waking up from sleep):
À lóo ba dòò pę́b He woke up suddenly from sleep.
pębbee kùwę̀ [pɛbbee kùwɛ̀] n. fallow bush (with vegetation of same height)
pębkě [pɛbkě] n. shallow water, shallow pit
pèe [pèe] v.t. lose
péé [péé] n. goat; akpę̀ępéé n. he-goat; kòòkòòpéé castrated goat; úúpéé female goat

pèẹ̀ [pèɛ̀] v.i. fly, jump: pẹpẹ́ẹ́
v.n. flying, jumping
pẹ́ẹ̣́ [pέɛ́] n. flying, jumping
pèè [pɛ̀ɛ̀] n. African pear
(*Dacryodes edulis* (G.Don) H.
J. Lam BURSERACEAE)
pèè-bekéè [pɛ̀ɛ̀-bekéè] n.
avocado pear (*Persea
americana* Mill. LAURACEAE)
pẹ́ẹ́pẹ́ẹ́ [pέɛ́pέɛ́] adv. at all;
completely (often accompanied
by slapping of the two hands)
pégé [pégé] n. long arrow
(contrast kèba short arrow)
pègèrè̩ [pɛ̀gɛ̀rɛ̀] n. hat; cap
pègèrèméné [pɛ̀gɛ̀rɛ̀mɛ́nɛ́] n.
crown
pègi [pègi] v.i. leap for joy
pégipégi [pégipégi] id.
walking very fast
pèmíi [pɛ̀míi] n. a child who
does not perform up to the
expectation of a human being
(*lit.* 'lost blood')
pẹ́ra¹ [péra] v.i. be unable to
control desire: À péra só a mue
nu He is unable to control his
appetite when he sees things
(such as food).
pẹ́ra² [péra] n. uncontrollable
desire; complaint; such
expression
pèrẹ̀ [pèrɛ] v.t. slant, slope
pèrẹpẹ [pèrɛpɛ] n. flat
freshwater fish species
pérépéré [pérépéré] n. small
piece of plank

pém¹ [pém] n. cataract in the
eye
pém² [pém] n. mosquito larvae:
Pém de bu máá There are
mosquito larvae in the water.
pène¹ [pɛ̀nɛ̃] v.i. penetrate
pène² [pɛ̀nɛ̃] n. wide river, sea,
ocean
pì [pì] v.t. sprinkle, spray
(water, disinfectant, etc.)
pìb [pìb] v.t. twist rope or roll
thread on the reel; twine (as
yam round stick); spin
pìgà [pìgà] v.i. be twisted,
interwoven (as thread); coil
(like snake round something);
*also figuratively*:
À wée pìga ló ne He gets
people into trouble.
pìgà [pìgà] v.i. struggle to
make wealth
píi [píi] v.i. dry, shrivel (of
fruit, leaves, preserved yam,
etc.)
pĩi [pĩi] v.i. be silent
pĩi [pĩi] n. penis
píí [píí] n. silence
piigá [piigá] v.i. try very hard;
Piigá Try hard!: À wée pìgà
He tries very hard.
píiga [píiga] n. trying hard: À
wée dòò píiga He does hard
work.
piiré [piiré] v.cs. cause to
shrivel or become dry (as fruit
in sun or water boiled in pot)
pìna [pìnã] n. cricket
pìpí [pìpí] n. cannibal

**piripiri** [piripiri] *adj.* very small (of yams)
**piyá** [pijá] *n.* people of
**pîyà** [pîjà] *adj.* bad, evil
**pìyè** [pìjè] *n.* daylight (= èrà = ẹ́ẹ́dée)
**piyè** [pije] *n.* medicine
**pîyò** [pîjò] *quant.* some: **pîyò nee** some people: **pîyò ìì** some of us; **pîyò bọ̀ọ̀** some of you: **pîyò àbà** some of them
**pògòrò** [pògòrò] *adj.* wide; broad (as leaf): **À lú pògòrò** It is broad.
**pòmm̀** [pɔ̃̀mm̀] *id.* sound as of a coconut falling: **À dọ pòmm̀** It falls pomm!
**pọm**[1] [pɔ̃m] *v.i.* burst (as boil)
**pọm**[2] [pɔ̃m] *v.i.* shout at; "bully at"
**pòò** [pòò] *v.t.* divide (large quantities or numbers) into portions, shares or groups
**pòògà**[1] [pòògà] *v.i.* divide into groups (of people): **Bà pòògà** They are divided into groups.
**pòògà**[2] [pòògà] *n.* division into parts
**póro** [póro] *n.* fish (*general*)
**pórògĕ** [pórògĕ] *n.* sawfish
**pyăágá** [pjăăgá] *v.i.* come out with effort from a group; succeed in standing out from a group
**pyám̀**[1] [pjám̀] *n.* drinking-cup; tumbler (*usu.* **m̀pyám**)
**pyám̀**[2] [pjám̀] *id.* describes running quickly past and disappearing: **À doo pyám̀** He/She runs quickly past and vanishes.
**pyàra**[1] [pjàra] *v.t.* carry child (on hip)
**pyàra**[2] [pjàra] *v.t.* sharpen (razor-blade); whet (knife on another knife)
**pyŏ** [pjɔ̆] *n.* nail (finger- or toe-)
**pyob** [pjob] *v.t.* suck
**pyọ̀b** [pjɔ̀b] *n.* a game of throwing an orange on the ground and shooting at it with arrows (practice for aiming at live targets)
**pyŏò** [pjɔ̆ɔ̀] *n.* lungs
**pyoogá** [pjoogá] *v.i.* shoot out (vertically or horizontally)
**pyoorá** [pjoorá] *v.t.* draw out (peg, periwinkle from the shell)
**pyùgù** [pjùgù] *n.* steam; gas (*tech.*); **tób-pyùgù** oxygen (*coinage*)

# S

**sà** [sà] *v.t.* select the useful from the useless, the good seeds from the chaff, the qualified from the unqualified (=**sẹ̀ẹ̀**)
**sa**[1] [sa] *n.* brush
**sa**[2] [sa] *conj.* before: **Sí sa ò lu** Finish before you come.

**sáágweré** [sáág"eré] *n.* hairy crab, Wrinkled Swimcrab (*Liocarcinus corrugatus*)

**sááhyẹkẽ** [sááhjɛkẽ] *n.* antlion

**sááká** [sááká] *n.* the first son of the mother

**sáanee** [sã́ānẽ̄ẽ̄] *n.* guest; stranger

**sáápùrùkáká** [sáápùrùkáká] *n.* grasshopper which makes a noise when flying

**sááró** [sááró] *n.* the first son of the parents

**sàb** [sàb] *v.t.* abuse; misuse (=**tùè**)

**sàbà** [sàbà] *v.i.* be scattered, unkempt (of hair, etc.)

**sábekéè** [sábekéè] *n.* pepper (general)

**sadáa** *n.* toothbrush

**sàgà¹** [sàgà] *v.i.* discredit oneself: **À sagà** He is behaving in a way unworthy of himself.

**sàgà²** [sàgà] *v.i.* produce new leaves; (*fig.*) recover from ill-health

**sàga** [sàga] *v.t.* cut indiscriminately with knife

**sàgasàga** [sàgasàga] *adj.* behaving discreditably: **À lu sàgasàga nee** He is a badly-behaved person.

**sànìló** [sãǹĩ́ló] *v.i.* show indifference

**sáráb** [sáráb] *id.* rustling; describes sound of walking through dry material (as leaves)

**sàsu** [sàsu] *v.t.* choose

**sẹ̀¹** [sɛ̀] *interrog.* at all: **Ò súnwà nú a kii ló sẹ̀?** Do you know anything about it at all? **Ò lú gé sẹ̀?** Will you come at all?

**sẹ̀²** [sɛ̀] *adv.* silent: **Dòò sẹ̀** Be silent.

**sẽ́** [sẽ́] *v.i.* (of rain) drizzle

**sɛ́** [sɛ́] *n.* fish egg, roe; frog spawn

**sèbe** [sèbe] *v.t.* throw down something carried on the head; throw somebody in wrestling; cause to fall; (*fig.*) cause to fail in life

**sébegi** [sébegi] *v.t.* throw down frequently or indiscriminately; (*fig.*) cause frequent failure

**sẹèè** [sɛ̀ɛ̀ɛ̀] *v.t.* pick out good seeds from the chaff; pick out the qualified from the unqualified (=**sà**)

**séé** [séé] *n.* beads

**sèè déẽ** [sèè́ dé́ẽ] *v.phr.* aim at (target) (*lit.* 'direct eye'), also figurative

**seemá** [sẽ̄ẽmá] *v.i.* "hiss"

**séema** [sɛ́ẽmā] *n.* "hissing"

**sɛ́gã** [sɛ́gā] *v.i.* smash; fall and break into small pieces

**sègáná** [sègáná] *v.t.* give bit by bit

**sègẹ** [sègɛ] *v.t.* pick out many good objects or things of the same kind or size, also used figuratively

**ségé** [sέgέ] *n.* raffia worn by masquerade
**sḗgē** [sɛ́gē] *v.t.* catch by trap: **À sḗgē nam** It (trap) caught an animal.
**sèègèm̀** [sɛ̀gɛ̀m̀] *adv.* falling like a heavy blanket; (of person) making no move or progress in life
**ségéné** [sέgέnέ] *n.* tree species with tiny leaves and very hard wood
**ségéré** [sέgέrέ] *adj.* petty: **ségéré kàna** minor quarrel
**sègèrè** [sɛ̀gɛ̀rɛ̀] *id.* unexpectedly: **À doo sègèrè** He appears unexpectedly.
**sègèrè** [sɛ̀gɛ̀rɛ̀] *v.t.* tie loosely
**sègéré** [sɛ̀gέrɛ̀] *n.* loose trap for large animals like sitatunga, which the animal can drag about but not escape from
**ségéré** [sέgέrέ] *id.* walking as if exhausted: **À kinya ségéré** He walks as if exhausted.
**ségēségē** [sέgēsέgē] *n.* raffia cloth
**sem** [sēm] *v.t.* use something valuable economically or sparingly
**Sèmè** [sɛ̀mɛ̀] *n.* Sime, a village in Tèè
**sèrè** [sèrè] *v.t.* keep; maintain; observe; preserve; save money; **sère átó** keep holy
**sésé** [sέsέ] *adj.* having beautiful small dots on the surface like cloth; make such beautiful small dots like the body of gecko
**si** [si] *v.i.* go and come back; **sí kùwę̀** go to bush, hence, a polite expression for 'defecate' (cf. **dòò bí**)
**sí¹** [sí] *v.i.* make a cracking sound before a tree falls
**sí²** [sí] *v.t.* sneeze: **Sì sí** Sneeze!
**sí¹** [sí] *n.* sneeze
**sí²** [sí] *n.* fly *(general)*
**sí** [sí] *n.* face; surface; the direction faced; north *(coinage)*
**sìa** [sìa] *n.* aerial yam; "up-yam" *(Dioscorea bulbifera DIOSCOREACEAE)*
**sìa bàrà** [sìā bàrà] *v.phr.* manifest; show: **Sìà lóó bàrà** Show yourself.
**sìb** [sìb] *v.t.* "pin" (stick in ground)
**sib** [sib] *n.* nerves
**sìbà** [sìbà] *v.i.* stand firm; be unshakeable at crucial points, also used figuratively
**sìéè** [sìéè] *id.* atishoo! *(showing sneezing)*
**sígà** [sígà] *v.i.* refuse to move
**sígànà** [sígànà] *v.t.* rub clean
**sììgà¹** [sììgà] *v.i.* rest after labour or after a long journey
**sììgà²** [sììgà] *v.i.* be top-heavy so that it falls
**siiga** [síiga] *v.i.* remain: **À siiga** Some remains.
**sììgà** [sììgà] *v.i.* slip from the proper position or alignment, as

in earthquake: **À síigā dọ̀** It slips and falls.
**sìige** [sìige] *v.i.* breathe in and out: **Sììge ọọgẹ** Breathe (air) in and out.
**siigé** [siigé] *v.t.* use part and allow part to remain: **De siige** Eat and leave some.
**sììge ló** [sììge ló] *v.phr.* walk lame
**sìm̀** [sìm̀] *v.t.* rub out; erase (something wrongly written)
**sim** [sǐm] *v.t.* tie cloth (for another person)
**sìma** [sìmā] *v.t.* tie cloth for oneself: **Sìma kẽ** Tie cloth (for yourself).
**sínuló** [sínūló] *v.i.* smell, give odour
**sìrà** [sìrà] *v.i.* appear, come out from a secret or hiding place, also used figuratively; **Sìra bàrà** Come out in the open.
**síra** [síra] *n.* first daughter
**sìra ee** [sìra ʔee] *v.i.* go out
**sìra kẽ** [sìra kẽ] *v.phr.* descend
**sí-tọ** [sǐtɔ] *n.* housefly (coinage)
**sò** [sò] *v.t.* join (as rope); *v.n.* **sosò** joining
**sọ́** [sɔ́] *n.* conversation
**só** [sɔ́] *n.* time
**sób** [sób] *n.* scabies (on the head)
**sọ̀b** [sɔ̀b] *id.* describes something falling on a soft material: **À doo sọ̀b** It falls on something soft.
**só bòo** [sɔ́ bòo] (=**sóó bòo**) *n.phr.* rainy season
**só dáá** [sɔ́ dáá] **sóó dáá** *n.phr.* time to sleep
**só dúe** [sɔ́ dúe] (=**sóó dúe**) *n.phr.* dry season
**sọ̀gẹrẹ̀** [sɔ̀gɛrɛ̀] *n.* grey hair
**sògo** [sògo] *n.* vegetable used as salad (=**kòròko**)
**Sógò** [sógò] *n.* a village in Kana
**sògọ̀** [sògɔ̀] *n.* small beetle that destroys yam leaves
**sógọ́** [sógɔ́] *adj.* small; little (of yams or leaves, in great numbers)
**sọhínyá** [sɔhíɲá] *n.* smoke
**sòm̀** [sɔ̀m̀] *adj.* calm
**só makẽ** [sɔ́ mākẽ] (=**sóó makẽ**) *n.phr.* bedtime
**sómsóm** [sɔ́msɔ́m] *adv.* quietly; calmly
**sóó** [sóó] *n.* kitchen
**sọ́ọga¹** [sɔ́ɔga] *v.i.* enter stealthily
**sọ́ọga²** [sɔ́ɔga] *adj.* lazy
**sọ́ọga³** [sɔ́ɔga] *n.* laziness
**sóosóo** [sóosóo] *interj.* please; I plead; I beg pardon
**sòrà** [sòrà] *v.i.* squat
**su** [su] *v.t.* take; accept; receive
**súnee** [súnēē] *v.i.* mix together
**sùnwà** [sṹŋʷà] *n.* knowledge
**sùnwa¹** [sṹŋʷā] *v.t.* know; *v.n.* **sūsúnwá**

sùnwa² [sũŋʷã] v.t. connect two objects by means of a rope, etc.
sunwe [sũŋʷɛ̃] n. tobacco; cigarette
suu [suu] v.ɩ stand not straight, droop (of person)
suu dáá [suu dáá] v.i. nod off; fall asleep while sitting up (of person)
suùgà [suùgà] v.i. hang down, incline, droop with weariness (of person) (cf. kpèègã̀)
súzı̃ı̀ [súzı̃ı̀] v.ɩ. mix together; (fig.) agree

# T

ta [ta] v.ɩ. finish; end: À nà táa It has finished; (fig.)
À tá mé nyíe I forget (lit. 'It finishes in my mind'); v.n. tatá
tá¹ [tá] v.t. accommodate, contain; fig. accept, tolerate: Ágbé ta The box contains/accomodates it: À tá èrabá nu nee yé dòò He tolerates/accepts everything someone does to him.
tá² [tá] adj. nothing at all (used only in negative): Tá nu náa ee yé bá Nothing at all is impossible for him.
tá³ [tá] interj. exclamation to intimidate or drive away
tã̀ [tã̀] n. throne (=akpòté-méné)

tã¹ [tã] v.i. shoot off: À beè tá náa He shot off the gun.
tã² [tã] v t. draw
tã̀³ [tã̀] v.t. urinate; make water
tàa¹ [tàa] v.t. chew
tàa² [tàa] n. evil spirit
taa [taa] num. three
tã̀a [tã̀ã̀] v.t. shoot with gun or bow and arrow; sting: À beè tã̀ã̀ zìkà nam He shot an animal.
táa [táã́] n. anything that kills by personally directed malice; poison; witchcraft: nee táa wizard; waà táa witch
táá [táã́] prep. instead of: Táá bèèkà, nè me taa Instead of two, give me three.
tããbá [tããbá] v.t. push; v.n. tãtáábá
taàgá [taàgá] n. triangle; kùnàkpèè taàgá equilateral triangle; kùnàákpótọ taàgá isoceles triangle; náakunakpèè taàgá scalene triangle (all çoinages)
tã̀ãgã̀ [tã̀ãgã̀] n. trouble; problems; difficulties; suffering
tã̀ãgã̀ló¹ [tã̀ãgã̀ló] n. pleading: À náa we dá tã̀ãgã̀ló He does not listen to pleading.
tã̀ãgã̀ló² [tã̀ãgã̀ló] n. prayer (=karà)
tã̀ãgã ló¹ [tã̀ãgã̀ló] v.t. plead: Tã̀ãgã̀ ye ló Plead with him.
tã̀ãgã ló² [tã̀ãgã̀ló] v.t. pray: Tã̀ãga ló Bàrì Pray to God.

taaná [tāāná] v.t. be straight, vertically or horizontally; be right, correct; (fig.) be upright, righteous; v.n. **tatááná** being straight
**tááná¹** [táǎná] n. straightness
**tááná²** [táǎná] adj. straight; right; correct; upright; right; rectangular; correct:
À lu **tááná** nee He is a righteous man.
**táánágá¹** [táǎnágá] n. right angle (90 ) (coinage)
**táánágá²** [táǎnágá] adj. rectangular (coinage):
**táánágá kwĩì** rectangular basket
**taará** [taará] v.t. set free: v.n. **tatáárá**
**taà-tub** [taàtub] num. sixty
**taà-tub-nè-hlòb** [taà-tub-nȅ-lòb] num. seventy
**tàb¹** [tàb] v.t. translate; interpret: v.n. **tabtàb**
**tàb²** [tàb] v.t. draw with rope, vertically or horizontally: v.n. **tabtàb**
**tàbà¹** [tàbà] v.t. catch as ball, etc.; fig. understand; v.n. **tatàbà**
**tàbà²** [tàbà] n. meaning; understanding
**tàba** [tàba] v.t. carry a child in the arms
**tàgi** [tàgi] v.t. chew indiscriminately, as rat eats maize from one side of the cob to the other; gnaw

**táhè** [táhè] interj. exclamation to terrify somebody while jumping out at him
**tàláa** [tàláa] n. hunger ,
**tam** [tām] v.t. ask somebody going to market to buy something for one, the money to be given when he has returned with the goods
**támˊ** [támˊ] n. work; job; piece of work
**tȁ-méné** [tȁ-ménˊé] n. king's throne
**tatá** [tatá] n. agreement, tolerance:
À náa **ęrę tatá kìma** ló piyá n ee He has no tolerance towards people.
**té¹** [té] n. tree
**té²** [té] n. seat; chair; table
**tèba** [tèba] v.i. struggle
**tę̀** [tɛ̀] n. father
**tē** [tē] v.t. sharpen
**tęb** [tɛb] v.adj. be shaky, not firm
**tę́b** [tɛ́b] id. describes cutting of something with very sharp knife
**téba** [téba] n. struggle
**tée** [tée] n. run; running; race
**Tę̀ę̀¹** [tɛ̀ɛ̀] n. a group of people living south of the River Imo, east of Eleme, west of Kana and north of Gokana; the language of the people
**tę̀ę̀²** [tɛ̀ɛ̀] adv. exactly; at the point: **tę̀ę̀ nyíe** exactly at the centre (=**gèrègè**); centre:

À tóő tẹ̀ẹ̀ nyíe bunwe He lives in the centre of the town.
tẹ́ẹ̀ [téɛ̀] n. child's name for father, daddy; title for a man
.tẹ́ẹ̀ [téɛ̀] v.i. be loose
tẹ́ẹ̀ [téɛ̀] n. saltwater fish species
tȅè [tɛ̏ɛ̀] n. keen desire; lust
tēe¹ [tēē] v.t., v.i. pass; pass by; pass (examination); tḗé yie pass over, across
tēe² [tēē] v.i. be thick like soup
tȅègà [tɛ̏ɛ̀gà] adj. lazy and hopeless
tȅèmáá [tɛ̏ɛ̀máá] n. thirst
tèène [tɛ̀ɛ̄nɛ̄] adj. same
teené [tēēnɛ́] v.t. make straight; straighten: v.n. tētééné
teerá [teerá] v.t., v.i. run
tẹẹrẹ́ [tɛɛrɛ́] v.t. make loose; loosen
tẹ́ẹtẹẹ [tɛ́ɛtɛɛ] adj circular and broad
tḗgā [tḗgā] n. outside the centre
tḗgē̄/tḗkē̄ [tḗgē̄/tḗkē̄] n. dregs
tȅm̀ [tɛ̏m̀] n. room
tèma [tɛ̀mã] v.t. cause to pass; pass (ball, in football); serve drink or food; circulate (letters)
tèngí [tɛ̀ŋgí] n. sleepers (fish)
tẹnwaà [tɛ̄ŋʷāã̀] (=tẹ̀nwű̋ı́) n. father-in-law; wife's father
tẹnwãgùzɛ̏ɛ̀¹ [tɛ̄ŋʷagùzɛ̏ɛ̀] n. trapper
tẹnwãgùzɛ̏ɛ̀² [tɛ̄ŋʷagùzɛ̏ɛ̀] n. a bird named after its cry, the

Red-eyed Dove (*Streptopelia semitor-quata* COLUMBIDAE)
téra [téra] v.i. be negligibly small or meagre; diminish
tẹrẹ [tɛrɛ] v.t. drop; lay (egg); post (letter); vote (by dropping ballot paper)
tèrẹpéé [tɛ̀rɛpéé] n. goat
tẹ̀sí [tɛ̀sí] n. leader; chief
ténkíri [tɛ́ŋkíri] v.i. be up and doing about something
ti [ti] v.t. drum lightly; pound food very lightly; (*fig.*) speak on a surface level only; reserve (one's opinion)
tìmm [ûmm] id. the sound of a very heavy object falling
tò [tò] n. load, burden
to [to] v.i. weep
tó [tó] n. weeping
tọ̀¹ [tɔ̀] v.t. mix with water to make soft
tọ̀² [tɔ̀] v.t. spoil; damage, destroy
tọ¹ [tɔ] n. house
tọ² [tɔ] n. foot
tō¹ [tɔ] v.t. decant, pour wine gradually from a decanter
tō² [tɔ] v.t. select good from evil and do it
tō³ [tɔ] v.t. weld
tō⁴ [tɔ] v.t. order; give an order
tó¹ [tɔ́] n. ear
tó² [tɔ́] n. ashes
tòb [tòb] v.t. scoop; make deep.
tob¹ [tob] v.t. throw
tob² [tob] v t. build (house)
tob³ [tob] v.t. heap; deposit

tọ́b [tób] adj. sharp
tọ̀b [tɔ̀b] v.i. drip, as a drop of
   liquid
tóba [tóba] v.i. be heaped
tọ̀bẹ [tɔ̀bɛ] v.t. drop (medicine
   into the eye or ear)
tóbgá [tóbgá] n. acute angle
   (coinage) (=ápyɔ́gá)
tobíòko [tobíòko] n. yellow ant
tób-pyùgù [tób-pjùgù] n.
   oxygen (coinage)
tọ́du [tɔ́du] n. market shop or
   shed
tòga¹ [tòga] adj. deep:
   À lú tòga It is deep.
tòga² [tòga] n. depth
tòga tòga¹ [tòga tòga] adj. very
   deep: À lú tòga tòga It is very
   deep
tòga tòga² [tòga tòga] n. depth
tòge [tòge] v.cs. make deep
tọ̀gẹ̀ [tɔ̀gɛ̀] n. teaching;
   neètọ̀gẹ̀, teacher
tọ̀gẹ [tɔ̀gɛ] v.t. teach
tọkpá [tɔkpá] n. school
tọkpìgì [tɔkpìgì] n. bank
tọkùwẹ̀ [tɔkùwɛ̀] n. toilet;
   water closet
tọláa [tɔláa] n. spider's web
tòmà [tɔ̀mã̀] v.t. bear; endure;
   (fig.) A. keep a child, who
   serves in the house; B.
   accommodate, tolerate offences
tọmáá [tɔmáá] n. bathroom
tọmàni [tɔmã̀ñi] n. urinal
tóḿ-tóḿ [tɔ́ḿ-tɔ́ḿ] id. testing
   the taste of salt in the soup

tóó [tóó] n. paste; tóó dáa
   toothpaste
tọ́ọ̀ [tɔ́ɔ̀] n. expert: bàràtọ́ọ̀
   expert farmer
tọ́ọ [tɔ́ɔ] adj. cold
tõ̀ò¹ [tɔ̃̀ɔ̃̀] v.i. take position, be
   present, stay; dwell, live:
   tõo átɔ́ live a holy life; tõ̀ò bẹẹ
   wait for; watch
tõ̀ò² [tɔ̃̀ɔ̃̀] n. position, condition,
   presence, a long stay
tõ̀ò³ [tɔ̃̀ɔ̃̀] adj. many: tõ̀ò nee
   many people
tọ̀ọ̀ga [tɔ̀ɔ̀ga] v.i. struggle to
   look for and find
tọ́ọ̀kíkìrà [tɔ́ɔ̀kíkìrà] n.
   harmattan
tọ́ọ̀kùwẹ̀ [tɔ́ɔ̀kùwɛ̀] n. expert
   hunter (=dámtọ́ọ̀)
toomá [tɔ̃ɔ̃má] v.i. be
   dislocated (=hleegá)
toománá [tɔ̃ɔ̃máná] v.t.
   dislocate (=hleegará)
toorá [toorá] v.t. carry load;
   (fig.) bear, be held responsible
   for
tõ̀òtɛ́ [tɔ̃̀ɔ̃̀tɛ́] n. hip; ákpó tõ̀òtɛ́
   hip-bone
tóọtọ́ọ [tɔ́ɔtɔ́ɔ] adj. wet
tõ̀òtõ̀ò [tɔ̃̀ɔ̃̀tɔ̃̀ɔ̃̀] adj. very many,
   numerous, manifold: tõ̀òtõ̀ò
   nwĩ́i very many children
tọ́ọ̀'úwé [tɔ́ɔ̀ʔúwé] n. expert
   hunter (=dámtọ́ọ̀)
torà [torà] (=tuwerà) n. abuse
tòra gbà [tòra gbà] v.phr.
   swing

tóró [tóró] *n*. one-quarter of one shilling
towa [tɔwa] *v.t.* inspire: **Ye tògè beè i towa ló** His teaching inspired us.
tù [tù] *v.i.* be thick like palm wine; (of liquid) thicken
túákà [túákà] *n.adj.* the first
tùb [tùb] *adj.* thick and tough; difficult to cleave (of wood), *(fig.* of condition)
tub¹ [tub] *v.t.* spit out
tub² [tub] *(num.)* twenty
tub-nè-azȉ̀ [tub-nȅ̀-azȉ̀] *num.* twenty-one
tub-nè-bèè̩ [tub-nȅ̀-bèè̩] *num.* twenty-two
tub-nè-hlòb [tub-nȅ̀-ḷòb] *num.* thirty
tùgu [tùgu] *v.t.* pick (hot substance etc.) with pin; peck (wood, etc.) like the woodpecker
túgu [túgu] *v.i.* produce a new shoot after the main stem has been cut off; bud
tùgùrù [tùgùrù] *n.* a small squarish saltwater fish
tùkpúḿ [tùkpúḿ] *id.* the sound made by the falling of a small but heavy thing into the water
tum [tūm] *n.* advice: **À beè wa nè tum** He gave them some advice.
túḿ [túḿ] *n.* thick heavy stick; cudgel; pestle
**Tumbéè-Tèè̩** [tūmbéè-tèè̩] *n.* a village in Tèè̩

túmkinyà [túmkiɲà̰] *n.* walking-stick
túmkúmanu [túmkúmānū] *n.* pestle
túmméné [túmméné] (=**kpóró** =**agèè̩**) *n.* sceptre, staff borne as symbol of personal sovereignty, royal or imperial authority
túnwà [túŋʷà] *n.* mudskipper
tùrà [tùrà] *v.t.* reach
tùra [tùra] *v.t.* contribute (money, effort)
tùre¹ [tùre] *v.cs.* lead to; cause to reach: **Ture yé lo kȅ** Lead him to that place.
tùre² [tùre] *n.* leadership: **Ì de kȅ ye tùre** We are under his leadership.
túrú [túrú] *n.* nail
tùtúgù [tùtúgù] *n.* boil
tùtúgùakpomté [tùtúgùakpɔ̃mté] *n.* praying mantis
tùtúgùakpòté [tùtúgùakpòté] *n.* very painful boil
tùtùkpé [tùtùkpé] *n.* motor-cycle
túú [túú] *n.* three-leaved yam *(Dioscorea dumetorum* DIOSCOREACEAE)
tùwà [tùwà] *n.* digging-hoe
tùwè [tùwè] *v.t.* abuse; misuse
tuwe [tuwe] *v.t.* pierce; make a hole: **Túwé deè** Make a hole.
tuwerà [tuwerà (=**torà**) *n.* abuse; misuse

túwéra [túwéra] v.t. pierce:
Hyúu túwéra mé tọ A thorn
pierces my foot.
tùwi [tùwi] n. land crab

# U

u [ʔu] v.t. die
úra¹ [ʔúra] v.i. be folded
úra² [ʔúra] v.i. rush: Bà úra
They rush.
ùre¹ [ʔùre] v.t. hasten someone
or something: Ùre ye Hurry
him up; Ùre támí Hasten the
work.
ùre² [ʔùre] v.t. boil : Ùre máá
Boil water; Ùre źíá Boil yam.
ùu [ʔùu] v.t. cover a fowl (e.g.
with a basket) so that it may not
go out
úú [ʔúú] adj. female animal or
bird: úú gbèrè female lizard:
úú námí (female) cow
uugá [ʔuugá] v.t. shade oneself
with umbrella
úuga [ʔúuga] n. cover; shelter;
umbrella
uùne [ʔũũnẽ] n. night
úwá [ʔúwá] adj. dead
uwè [ʔuwè] n. word
úwé [ʔúwé] n. farm
ùwẹ̀ [ʔùwɛ̀] adj. dark red:
À ẹ́rẹ ùwẹ̀ déé It has a dark-
red colour.
ùwẹ [ʔùwɛ] v.i. be slippery:
À úwẹ́ It is slippery (=ọ́ra)

uwẹ [ʔuwɛ] v.t. sing:
Úwẹ́ hyọ́ọ́ Sing a song.
úwẹ́ [ʔúwé] n. smaller fish
resembling ọ̀rọ
Úwédùme [ʔúwédũmẽ] n.
Uedume, a village in Tẹ̀ẹ̀
Úwékẽ [ʔúwékẽ] n. a village
in Tẹ̀ẹ̀
uwi¹ [ʔuwi] v.i. boil (of water).
(fig.) boil with anger:
À beè úwí bu ásúú He boiled
with anger.
uwi² [ʔuwi] v.t. fold
uwi³ [ʔuwi] n. basket with
cover, lid

# W

wa¹ [wa] n. wife
wa² [wa] pron. (poss. adj. 3rd
pers. pl.) their: wa zọ́ their
property, their wealth, their
goods, etc.
wa³ [wa] pron. (3rd pers. pl.
obj.) them: Nè wa kpìgì Give
them money.
wàá [wàá] id. the sound of
tearing a dry, hard substance
like dry wood
waàtáa [waàtáã] n. witch
wàb [wàb] v.t. tear (as
carnivorous animal or bird 's
prey)
wagà [wagà] v.i. break and
collapse like a pit
wẹ́ [wé] n. maggot

**weè** [weè] *v.t.* proclaim;
**wewèè** *v.n.* proclaiming
**wée** [wée] *aux.* (*marking the simple habitual form*): **À wée kọ; à wée bǔù; à wée em** He speaks; he reads; he writes.
**wẹ̀ẹ̀** [wɛ̀ɛ̀] *n.* flute
**wɛɛ** [wɛɛ] *n.* somersault
**wẹ́ẹ́**[1] [wɛ́ɛ́] *v.adj.* be light, easy: **Tò wẹ́ẹ́** The load is light: **Támˊ wẹ́ẹ́** The work is easy.
**wẹ́ẹ́**[2] [wɛ́ɛ́] *v.i.* be near: **À wẹ́ẹ́** It is near.
**weègà** [weègà] (=**wììgà**) *v.i.* swoop down; make a sudden flight from the tree (like hawk) to the ground to catch a chicken; (of person) make a sudden run to seize something from somebody
**wɛɛgá**[1] [wɛɛgá] *v.i.* somersault
**wɛɛgá**[2] [wɛɛgá] *v.i.* return
**wẹ̀rẹ**[1] [wɛ̀rɛ] *v.cs.* make easy
**wẹ̀rẹ**[2] [wɛ̀rɛ] *v.cs.* make to be near
**wèreló** [wèreló] *v.t.* love
**werèló** [werèló] *n.* love
**wii** [wii] *v.i.* shout
**wò** [wò] *v.adj.* be gracious
**wó** [wó] *adv.* so
**wọ̀** [wɔ̀] *n.* bragging; boasting (by someone who can do nothing)
**wọ** [wɔ] *v.t.* clear bush
**wọb** [wɔb] *v.t.* sacrifice: **wọ́b zọọ** offer sacrifice
**wòò** [wòò] *interj.* expression of sympathy, pity

**wu**[1] [wu] *v.t.* pin together
**wu**[2] [wu] *v.t.* set; stand up (fallen table, etc.)
**wùa**[1] [wùa] *v.i.* be set
**wùa**[2] [wùa] *v.i.* stand: **Wùa lo kề** Stand there.
**wùrà** [wùrà] *v.i.* be in love; love each other/one another
**wurà** [wurà] *n.* mutual love
**wúra**[1] [wúra] *v.i.* scream together for danger; *v.n.* **wuwúrá** screaming
**wúra**[2] [wúra] *n.* screaming together

# Y

**yàà** [jàà] *v.t.* put on (clothes)
**yaa** [jaa] *v.i.* thank you (=**mamma**)
**yaa dùme** [jaa dǔmẽ] *v.phr.* carry (child) on back (=**dàra dùme**)
**yààgà** [jààgà] *v.i.* be scattered
**yáaga** [jáaga] *v.i.* suspend or be suspended (cf. **yẹẹgẹ́**)
**Yáágò** [jáágò] *n.* traditional initiation of adolescent female into womanhood (no longer practised)
**yáágó** [jáágó] *n.* bee
**yààri** [jààri] *v.cs.* cause to scatter; spread (news); spread (cloth) etc.
**ye**[1] [je] *pron.* (*3rd pers. sing. obj.*) him/her: **Nè ye kpìgì** Give him/her money.

ye² [je] *pron. (poss. 3rd pers. sing.)* his/her: **ye zíá** his/her yam; **ye kpìgì** his/her money
yẹ [jɛ] *v.t.* peel
yèb [jèb] *v.t., v.i.* dance
yeb [jeb] *n.* a dance: **yèb yeb** dance a dance *(cog. obj.)*
yẹb [jɛb] *v.adj.* (of wound) become infected, putrefied
yéb [jéb] *v.i.* (of wood) burn without flame; smoulder
yẹẹ [jɛɛ] *v.t.* buy
yéẹ [jéɛ] *v.i.* float
yèègà [jèègà] *v.i.* fear; be terrified; tremble (=**nyògǎ**)
yẹ́ẹga [jɛ́ɛga] *v.i.* go neatly
yèège [jèège] *v.cs.* terrify
yẹẹgẹ́ [jɛɛgɛ́] *v.t.* suspend
Yẹ̀gè [jɛ̀gè] *n.* Yeghe, a town in Ogoni
yẹ́gẹ́ [jɛ́gɛ́] *n.* decoration, beauty, adornment
yègèrè [jègèrè] *n.* sudden outburst of gaiety and dancing
yèm̀ [jɛ̀m̀] *n.* mourning
yènèyéné [jènɛ̀jɛ́nɛ́] *n.* exchange
yèrè [jèrè] *v.t.* put in; enter, register, deposit (money): **yère bu** put in; **yère kpo té** put a heap around (plant, to protect it); *(fig.)* support (a statement)
yèrèbá [jèrèbá] *v.t.* help
yerèbá [jerèbá] *n.* help
yìb [jìb] *v.t.* steal
yib [jib] *n.* theft; thief
yibè [jibè] *adj.* whole; **yibe1 ka1** one whole

yìì [jììi] *v.i.* enter: **yii bu** enter in
yii¹ [jii] *v.t.* contain
yii² [jii] *n.* vessel; container
yíí [jíí] *n.* law
yii-máá-bu-míi [jii-máá-bu-míi] *n.* lymphatic vessels *(coinage)*
yìrà¹ [jìrà] *v.i., v.t.* believe
yìrà² [jìrà] *n.* faith; belief
yìra¹ [jìra] *v.i.* stand; wait; *(fig.)* contest (election)
yìra² [jìra] *n.* height; length; distance
yírà-ahyòòrì [jírà-ahjòòrì] *n.* stamen (of flower) *(coinage)*
yirànuyààló [jirànūjààló] *n.* long robe
yìraya [jìraja] *v.i.* stand
yò [jò] *v.i.* get ripe, mature
yọ [jɔ] *n.* deity; divinity; god; *(Christian usage)* devil; Satan; demon; fetish
yób [jób] *n.* rash on body
yọbà [jɔbà] *v.t.* warm oneself by the fire; *(fig.)* expose oneself to: **À yọba ye tǎàga** He faces the trouble with him.
yòbàrà [jòbàrà] *v.t.* untie
yòbárá [jòbárá] *v.t.* gather up with the two hands *(e.g.* rice)
yògòyògò [jògòjògò] *adj.* red and conspicuous
yoò [joò] *n.* pumpkin *(Cucurbita maxima* Duch. CUCURBITACEAE)
yọ̀ọ̀ [jɔ̀ɔ̀] *n.* python
yọ̀ọ̀bà [jɔ̀ɔ̀bà] *v.i.* be untied

yóọba [jɔ́ɔba] v.i. become more serious (of sickness or trouble)
yóọbẹ [jɔ́ɔbɛ] v.t. irritate: Yọ́b yọ́ọbe ye The rash irritates him: (fig.) make impatient; Uwè yọ́ọbe ye He is impatient (as a result of something said).
yóoga [jóoga] v.i. be too much
yọ̀ọ̀gà [jɔ̀ɔ̀gà] v.i. suck and drop like leech, tsetse fly, etc.
yọ̀rọ̀yọ̀rọ̀¹ [jɔ̀rɔ̀jɔ̀rɔ̀] adj. evil; abominable (of person or thing)
yọ̀rọ̀yọ̀rọ̀² [jɔ̀rɔ̀jɔ̀rɔ̀] n. abomination
yuè [juè] n. meat; muscle: yuè nam animal meat

# Z

zà [zà] v.i. move forward; za sí be in front; be a leader
za [za] v.t. strike into pieces
zá [zá] n. an expression of sympathy, pity, condolence, sorrow: À ga bà zá He is showing sympathy.
zàb [zàb] v.t. tread indiscriminately
zàgà¹ [zàgà] v.t. tread: Èb tọ nwíí a kẹ̀rẹ zàgà See the foot of the child who trod (on the place) and (shot with) care (Said in the game of pyọ̀b when the first child has shot successfully and others try to imitate him); (fig.) imitate a successful person
zàgà² [zàgà] n. ram's or lion's mane
zágárá [zágárá] n. dream
zàsí [zàsí] n. leadership
zḛ̀ḛ̀ [zḛ̀ḛ̀] n. trap (also fig.)
zḛ̄ḛ̀ [zḛ̄ḛ̀] n. Musk Shrew (Crocidura spp.), a small, sharp-nosed creature which feeds on insects and protects itself with an obnoxious smell
zḛ̀ḛ̀gà [zḛ̀ḛ̀gà] adj. hopeless; inactive
zẹḛnee [zɛɛnḛ̄ḛ̄] n. young people; adolescents
zḛ̀ḛ̀rẹ [zɛ̀ɛ̀rɛ] v.t. soak
zège [zège] n. young person (=ágéré)
zègẹ¹ [zègɛ] v.t. sift; sieve
zègẹ² [zègɛ] v.t. tend seedlings (of pepper, etc.) before transplanting
zégè [zégè] n. sieve
zì¹ [zì] v.t. loot
zì² [zì] num. one (qualifying form): zì nee one person; zì tọ nam one hind leg of an animal: zì kpá Class One (In many cases, zì cannot be used but is replaced by zìka.)
zi [zi] n. bush pig; Red River Hog (Potamochoerus porcus SUIDAE)
zí [zí] n. yellow fly species
zià [zià] n. squirrel
zía [zía] n. hair
zìa¹ [zĭă] v.t. cheat, deceive

zìa² [zìã] *n.* cheating, deception, deceit

źíá [źíá] *n.* yam; hence, a general name for food (=**nudé**)

zìb [zìb] *v.t.* beat (person) (=**bòb**)

zib [zib] *n.* beating

zígízígí¹ [zígízígí] *id.* drizzling

zígízígí² [zígízígí] *n.* drizzle

zígízígí³ [zígízígí] *n.* vibrating dance type

zìgìzìgìyíí [zìgìzìgìjíí] *n.* small destructive caterpillars

zii [zii] *n.* darkness

zìi [zìi] *num.* one (used in counting)

zíi [zíi] *v.adj.* be barren: **Lo wa zíi** That woman is barren.

zìkà [zìkà] *n.* one whole: **zìkà kpá** one book; **zìkà nee** one whole person; **zìkà źíá** one whole yam: **Kukà kpá? Zìkà.** How many books? One.

zim [zím] *v.i.* be out (of fire); be destroyed and extinct (of line of descent)

zímʼ¹ [zímʼ] *v.i.* be completely destroyed

zímʼ² [zímʼ] *n.* spirits; ancestral spirits

zimá [zímá] *n.* knife

zìmáá [zìmááʼ] *n.* domestic pig

zìme¹ [zìmɛ̃] *v.t.* put out, extinguish (light, fire)

ʌ̀ìme² [zìmɛ̃] *v.t.* destroy completely; make extinct

zína [zínã] *n.* star; **zína adọ̀** meteor; falling or shooting star

zọ́ [zɔ́] *n.* wealth; riches; products; goods

zõ¹ [zɔ̃] *v.t.* poke with stick, fight with horns, as rams or cows

zõ² [zɔ̃] *v.t.* close leakage in vessels and in the roof

zòb [zòb] *n.* brass ring worn on the leg by women during festival

zób [zób] *id.* action of skipping as evidence of smartness and healthiness

zògẹ [zɔ̀gɛ] *v.t.* show

zògòdée [zɔ̀gɔ̀dée] *n.* eye sickness with symptoms of eye pus

zọ̀gọ̀zọ̀gọ̀¹ [zɔ̀gɔ̀zɔ̀gɔ̀] *adj.* wet

zọ̀gọ̀zọ̀gọ̀² [zɔ̀gɔ̀zɔ̀gɔ̀] *n.* wetness

zòm̀ [zɔ̃m̀] *id.* expressing the falling of a person or an object on to a soft material

zóo [zóo] *n.* oil palm (*Elaeis guineensis* Jacq. PALMAE)

zọọ [zɔɔ] *n.* sacrifice

zõ̀gã̀ [zɔ̃̀gã̀] *v.t.* meet (person or object) coming from opposite direction; run into

zọrò [zɔrɔ̀] *n.* red ants that eat yam and cassava tubers

zù [zù] *n.* the interwoven growth of climbing plants in a tree

zũ [zũ] *n.* slimy substance secreted by palm-wine tree

**zùb** [zùb] *v.adj.* be foolish:
**À zub** He/She is foolish.
**zùge¹** [zùge] *v.cs.* make a fool of
**zùge²** [zùge] *v.t.* disturb a hiding place for an animal so that it runs out
**zugèhínyá** [zugèhíɲá] *n.* bellows (=**bέmàhínyá**)
**zùguzùgu** [zùguzùgu] *adj.* easily deceived (=**zùùgà**)
**zűu** [zűū] *n.* mucus; slimy substance secreted by mucous membrane
**zùùgà¹** [zùùgà] *n.* a person who can be easily deceived; a lazy person
**zùùgà²** [zùùgà] *adj.* easily deceived

## Appendix

In modern times, there is a need for technical words in many fields In English, these are formed either by processes of compounding or by borrowing. In many cases, the borrowed words are themselves built up by compounding either Latin or Greek words. The table that follows shows how technical words can equally be built up by compounding Tèè words

| English | Greek/Latin | Tèè |
|---|---|---|
| Agriculture | Latin Agricultura<br>= agri- 'field'<br>+ cultura 'tillage' | Tèè dòdò-korokè̀<br>= dòdò 'tillage'<br>+ korokè̀ 'soil' |
| Anthropology | Greek anthropologia<br>= anthropos 'man'<br>+ logia 'study' | nonó-nee<br>= nonó 'study'<br>+ nee 'man' |
| Biology | Greek biologia<br>= bios 'life'<br>+ logia 'study' | nonó-dùm̀<br>= nonó 'study'<br>+ dùm̀ 'life' |
| Chemistry | Greek khumeia<br>'pouring' | egara 'pouring' |
| Hydrology | Greek hydrologia<br>= hudro 'water'<br>+ logia 'study' | nonó-máá<br>= nonó 'study'<br>+ máá 'water' |
| Mathematics | Greek mathēma<br>= learning, science | sùnwà 'learning, science' |
| Economics | Greek oikonomos<br>= oikos 'house/home'<br>+ nomos 'management' | ààra-be<br>= ààra 'management'<br>+ be 'house/home' |
| Philanthropy | Greek philanthropia<br>= philos 'love of'<br>+ anthropos 'man' | werèló-nee<br>= werèló 'love'<br>+ nee 'man' |
| Physics | Greek phuzikē/epistemē<br>= natural things from<br>phusis 'nature'<br>+ epistemē<br>knowledge | sùnwà-mèà<br>= sùnwà 'knowledge'<br>+ mèà 'nature' |

| Seismology | Greek seismologia<br>= seismos 'earthquake'<br>+ logia    'study' | nonó-nyògà-korokē̄<br>= nonó   'study'<br>+ nyògà-korokē<br>   'earthquake' |
|---|---|---|
| Technology | Greek technologia<br>= tekhnē   'art, skill'<br>+ logia    'study' | nonó-batam<br>= nonó-   'study'<br>+ batam   'art, skill' |
| Theology | Greek theologia<br>= Theos  'God'<br>+ logia    'study' | nonó-Bàrì<br>= nonó-   'study'<br>+ Bàrì   'God' |

www.ingramcontent.com/pod-product-compliance
Lightning Source LLC
Chambersburg PA
CBHW070939160426
43193CB00011B/1739